昭和の
商店街遺跡、
撮り倒した
590箇所

全国厳選108スポットの[ド渋]写真

山本 有

303BOOKS

昭和の商店街遺跡を巡る冒険
まだ見ぬ街を発見する宝探しへ！

「今撮らなければ、消えてしまう」

東京五輪、バブル期の地上げ、区画整理と時代を駆け抜けてきた商店街ですが、2010年代後半から店主の世代交代時期となり、急速に減りつつあります。首都圏と関西を中心に590箇所を巡ってきましたが、ここ最近の変化のスピードには驚くばかりです。

博物館やテーマパークで再現された街並みも良いですが、リアルな街の醸し出す生活感もたまらない。さまざまなお店がギュッと詰まったアーケードや市場を見ると思わずワクワクします。気ままに歩き回って新たな街を発見するのは宝探しの気分。

ただ、残念ながら残された時間はあまり多くありません。住んでいる人にとっては新しく便利なのが良いのは当然のことで、都市のうつろいは早い。おそらく10年もすればこれらの風景は一変するでしょう。私にできるのはせっせと撮ってブログやTwitterに載せるぐらいですが、「ここはイイなぁ」とツイートしますと、数日も経たず多くの「いいね」を頂いたりして、同じ趣向の方との交流も楽しいものです。

フォロワーさんは、懐かしむ年配の方や、レトロを斬新に感じるZ世代、漫画家、ジオラマ制作者、建築家など多岐にわたり、多彩なジャンルからの関心の高さが伺えます。素晴らしい商店街を教えて頂くこともあって、SNSならではの広がりも。Twitter「昭和レトロ香ばしい町並み」@koubashimachiでは、

日々新たなスポットをつぶやいていて、4月と9月に「#春（秋）の全国レトロ商店街まつり」のハッシュタグで、商店街写真を募集しています。2023年4月に始めた試みでしたが、おかげさまで100件近い投稿を頂き、多くのリツイートや「いいね」もありました。「昔、撮影した写真を発表できる場があってよかった」とのありがたいお声もありました。いつの季節の写真でもかまいませんので、投稿をお待ちしています。

　私にとって商店街を巡る冒険はライフワークであり、特に西日本エリアはいつかじっくり全部巡りたいと思っています。時間がないのは社会人の常ですが、そんな中でも行きたい街はいくらでもあって、しかも遠くの街が多くなっています。

　これまで訪れたところは北海道から沖縄まで590箇所、本書ではその中から全国108箇所を厳選して写真と文章で紹介します。訪問当時の空気感や雰囲気を感じて頂ければ嬉しいです。

　残念ながら本書執筆時点で消滅してしまった場所も多々ありますが、判明したものは極力その旨を記載しておりますので、この本を手にして散策しようと思い立った方の参考になれば幸いです。

　訪問先はほぼ公共交通機関で到達可能で、多くの場所は大都市圏から日帰り可能ですので、訪れてみてはいかがでしょうか。

　気になったお店でごはんやおやつを食べたり、遊んだり、お土産を買ったり。また、イベントの時期を狙って訪れますと、よりいっそう散策が楽しく、街の魅力も深まってオススメです。

目次

厳選の遺跡108箇所
全408カット

昭和の景観を愛する人たちの身体の中に
じゅわーっと充満していく幸福感

[おわりに]

「子供がそんなつぶれそうな場所ばっかり追いかけて」

厳選の遺跡
98箇所
全408カット

包装用品 ミヤタ商店

すでに廃業や取り壊しなどによって
なくなっている場所もありますが、
リアルな記憶として残しておきたく、
執筆時ではなく、訪ねた時点での
レポートとして記しています。

01 三笠市役所周辺と平和通り

◎ 北海道・三笠市　🚃 JR 函館本線・岩見沢駅からバス　🗓 2007.9.8

炭鉱で栄えた街の面影が残る
電飾アーチの下に続く立派な石畳

バスの窓から見える密集した商店街が気になって思わず下車。昼前でしたが人の気配はなく、物音一つせず静まりかえっていました。広い道路にはたまに自動車が通る程度。すぐ近くには三笠市役所の庁舎もあり、雰囲気がたまらない。特に3階部分の展望台がツボ。再び街を歩き回っていますと、偶然、三笠市場を発見。入口には「ファンタ」と「スプラ

イト」の懐かしいロゴ。市場の中を覗くと空っぽで棚1つなく寂しい。旧国鉄の三笠駅跡に行く途中、アーチが見えたのでそちらに向かうと、「平和通り」の立派な看板と石畳が。思いがけない出会いにしばし立ち止まってしまいました。スカイブルーの屋根も北海道らしくてとてもいい。カラオケが漏れ聞こえる店もあり、まだまだ現役の通りでした。

◉ 北海道・夕張市　🚃 JR石勝線・新夕張駅からバス　📅 2007.9.9

ソウルフードはメロンよりも
パン+饅頭の「ぱんぢゅう」か!?
まんじゅう

夕張出身の知人に連れられて、中心部の商店街を散策。最初に立ち寄った小倉屋の「ぱんぢゅう」は、70年以上の歴史があり"故郷の味"とのこと。長年、お客さんがさわってきたことで真ん中が色褪せた暖簾をくぐり店内へ入ると、タコ焼き器のようなでっかいプレートで次々と焼き上げていました。近所にはシナモンドーナツの「うさぎや」も。こちら

も長く地元で愛されている店で、レジはチーンと鳴る機械式。お土産を手に、気になって周囲を歩くと、酒屋の並びが。シャッターから覗く木戸が渋く、中も見てみたい。特に気に入ったのは、昔の北海道らしい青い屋根がある建物。「松屋」の屋号は、旅館かアパートだったのでしょうか。街路樹の緑とよく合っていました。

◎ 青森県・青森市 🚃 青い森鉄道・青森駅から徒歩 🗓 2016.6.25

市場型、アーケード街、屋台風
さまざまなスタイルが混在

「青森駅前には、昭和がそのまま生きている」どこの店もその言葉どおりの佇（たたず）まいなのに、かなりの数の店が元気に営業していて、すごい。駄菓子問屋街のようにびっしりと玩具がぶら下がり、駄菓子が置かれた軒先（のきさき）。同じ並びには、年代物の台に靴がきっちり並んだ履物店。宝塚のような看板が素晴らしい美容室と、昭和レトロの連続に大興奮。そんな中、

洋服がたくさん吊り下げられた路地を発見。暗い通路の奥に明かりが灯った食料品店があり、店主のおばあさんに話を聞くと、昔はマーケットでとても賑わっていたが、今は洋品店とここが残ったとのこと。「古い商店街が好きで東京の蒲田から来たんです」と言うと「私の息子も蒲田なのよ」と笑顔で返ってきて、心が通った探訪となりました。

中央弘前駅周辺

◎ 青森県・弘前市　🚉 JR 奥羽本線・弘前駅から徒歩　🗓 2016.6.15

時計台のような建物がランドマーク
市場内にはB級グルメのスタンドが

「弘前中央食品市場と中央弘前を見たい！」このためだけに在来線を乗り継いでやってまいりました。JR弘前駅から少し歩いて、昭和ムード漂う中央弘前駅や周辺の街並みを見たあと市場へ。入口は2箇所あって、メインストリート側は自動ドアで少し近代的。お隣りの時計屋が以前の原宿駅のような感じで素晴らしい。中に入ると、野菜や果物が通路の両側に並び、名物の大学芋にうどんスタンドもあります。観光客は1人もおらず完全に地元に密着しています。反対側の出口から出て振り返りますと、今回の探訪のお目当てである三角屋根。少し前の武蔵小金井駅とも似ています。どのアングルにしようか悩みながら撮影。再訪したい場所でしたが、2022年3月に閉場したのが残念でした。

◎ 岩手県・盛岡市　🚌 JR 東北本線・盛岡駅から徒歩　🗓 2016.6.25

1960年にできた日本初のバスターミナル
当時の広告も残る貴重なスポット

昭和35年竣工のターミナル内はほとんどの店が営業していて、まさに生きるレトロ。売店、時計店、うどん屋とほぼ全店現役。喫茶コーナーの「明治ゴールド牛乳」の看板も懐かしく、「フジワラ売店」の坊やがいい味。カウンターの上で光る看板をよく見ると、今はないメーカーやブランドのお菓子もあってたまらない。よくぞ今まで残してきたもので

す。建て替えが決まった直後でしたが、特にこの建物の廃止を惜しむ人もいないようで地元客のみ。時折流れる東北訛りの発車アナウンスをバックにゆるい雰囲気。外観の写真はバスが通るまで待ちながら、ベストアングルを探しておいてからの撮影でした。旧ターミナルは解体後、現代的なマルシェや飲食店を併設してリニューアルオープンしています。

木町市場とその周辺

◎ 岩手県・大船渡市　🚉 三陸鉄道・盛駅から徒歩　📅 2018.6.10

農産物、海産物、日用雑貨まで
50軒がびっしり並ぶ完全地元密着の市場

妻の実家が大船渡市で、この市場の存在を知りました。100年以上の歴史があり、毎月0と5の付く日に市が立つとのこと。特に8月10日の盆市と12月27日の詰市は多くの買い物客で賑わうそう。お昼過ぎには畳んでしまう店も多いとのことで、朝8時頃に現地に着くと、すでに市は開いていてお客さんもちらほら。江刺米に青森りんご、遠野の野菜など

のほか、花や植木まで。洋服もふだん使いの物はなんでもあります。スーパーのように呼び込みがあるわけでもなく、店主がじっと静かにお客さんが来るのを待っているのが印象的でした。農具が売られている一角もあってよく見ると鍬などが鍛冶屋の手作り品。すぐ近くの盛駅周辺も昔ながらの商家が並び、併せて探訪の価値アリです。

07 いろは横丁

◉ 宮城県・仙台市青葉区　🚃 JR 東北本線・仙台駅から徒歩　🗓 2009.3.25、2020.1.30

戦後の焦土にできた露天から市場に
井戸のポンプとタイルがたまらない

横丁の中は思ったほど暗さを感じさせません。飲み屋が多いのですが八百屋も。これはかつて市場だった時代の名残り。ここは何度か訪れていますが、休日と平日では違った表情になるのです。八百屋が開いているのは初めてで、平日朝の思わぬ収穫。営業中の写真が撮れてラッキーでした。野菜がぎっしり並んで、ポリ袋やカレンダーが吊り下げられ、これぞ

「ザ・市場」。2本のメイン通路を歩き回っていますと、中心部に味わいのあるモルタルの市場事務所。横の「ビューティサロン中央」は、カーブを描いた暖色のテントにインベーダーゲームみたいな「央」のフォントが好み。何箇所かある井戸はきれいに掃除されていて、タイルの龍の絵がかわいい。職人の遊び心と技量が感じられる造作でした。

通洞駅周辺

◉ 栃木県・日光市　🚃 わたらせ渓谷鉄道・通洞駅から徒歩　📅 2016.4.30

居並ぶ看板建築に目を奪われて
足尾銅山観光とともに訪ねたい

通洞駅を降り商店街へ向かうと、「丸三製パン所」の渋い建物が。白く浮き出た文字の看板がレトロ感を醸し出していて造作も凝っている。店は残念ながらお休みで中には入れず。さらに歩きますと、時代が昭和中期で止まっているかのような一角へ。美容院は、アルミドアに屋号が書かれている雰囲気がたまらない。植木鉢でみっちりなのも庶民的で親近感

が。向かいの土産物店は間口がけっこう広いですが、入口がすべて木戸でとても珍しい。さらに進むと本屋が。最新のポスターがあり現役の店でした。そして圧巻は「もと洋品店」。足尾でも珍しい看板建築で状態も悪くなく、2階の柱や真ん中のレリーフが相当凝っていて、よくぞ残っていてくれたとカメラを片手に眺めておりました。

もてぎ

◎ 栃木県・芳賀郡茂木町　🚃 真岡鉄道・茂木駅から徒歩　📅 2007.3.31

繁栄した街の面影を感じる
酒蔵風の商家、糀専門店も

こうじ

駅を出て最初に目に飛び込んで来たのは「西岡屋糀店」。酒蔵のある街ならでは。一度見たらしばらく忘れられない達筆の看板もさることながら、注目は2階の窓。ちょっと凝った造作で、維持も大変でしょうが大事に使われているのが伝わります。すぐ近くには酒蔵も。広い間口に細かい桟の窓がずらっと広がるのは壮観。そして「さかなや旅館」へ。見

晴らしのいい客室と、2箇所ある入口が気になりました。右側はなにに使われたのでしょうか。旅館では時々見かけるスタイルですがいまだに謎です。一番のお気に入りは金物店。平屋のかわいらしい建物に、漬物バケツや鍬などが整然と並べられています。お客のものでしょうか、年代物のオートバイが店先に停まっている構図がお気に入りです。

📍 群馬県・沼田市　🚃 JR上越線・沼田駅から徒歩　📅 2015.10.4

駅から何度も坂や階段を上ると
現れる「よこのデパート」

沼田は坂の街。電車を降りて台地の上を目指します。駅のホームにあるような屋根の付いた階段を上ると、特濃レトロの世界が。ここはすごい場所で、写真のような建物が何箇所も密集しているのです。目玉は「おもちゃのキジマ」に掲げられたロゴマークの数々。ひと昔、ふた昔前の懐かしいロゴがずらり。子供の頃にお世話になったメーカーばかりで、

プラモデルの箱で見たっけなあと、しばし見とれてしまいました。すぐ横は「よこのデパート」の「中の会商店街」。まずは、お城のような玩具店へ。そして、3つの店が1軒にざっしり詰まっている長屋が好み。履物屋の軒先には、茶色や濃緑の昔ながらのビニール草履がずらり。駅からは坂あり階段ありで大変でしたが、来た甲斐がある街並みでした。

水上温泉の商店街

◎ 群馬県・利根郡みなかみ町　🚃 JR上越線・水上駅から徒歩　📅 2015.10.4

昭和そのままの土産物店や旅館
「酒」のアーチが歓楽街らしい

かつて栄えた痕跡を求めての訪問。意外にも駅前には新しい土産物店がずらりと並び、観光客で賑わっています。しかし、徒歩数分の温泉街へ向かいますと人通りが一気に途絶え、街並みもガラリと昭和へ。スマートボールや「趣味の店」と書かれた民芸洋品店など温泉街らしいムードが漂います。シャッター街と思いきや開けている店も多く、「淺田飴」の

看板が素敵な食料品店がお気に入り。復元した看板にこだわりを感じます。さらに進むと土産物屋にバウムクーヘンのようなものが山積み。これはなにかと見ますと大量の麩！ほかにも、昔の家庭にありそうな置物の数々。同じ通りには、2階までが総ガラス張りの土産物店もあり、当時は最先端であったであろう直線的なデザインがた目を引きます。

ザッツ温泉街！ な昭和感にクラクラ
スマートボールに玉貸機

「ここ、すごくいい」これは素直な感想でして、これでもか！　というぐらいレトロな建物が目白押しで、載せる写真のチョイスに大変悩んだ場所の１つです。ゆるやかな坂の両側に、喫茶、スマートボール店が立ち並ぶアングルがお気に入り。左手にある「柳屋遊技場」にぶらり入ると、店主の気さくなおばさんがお出迎えしてくれます。ここは店内も素晴らし

く、台はほぼ現役で動く物。さらには、サイン、扇風機、木目調の壁と、昭和の遊技場そのもの。玉貸器はお客さんが珍しがるから残しているそう。そこをしばらく楽しんでから田村坂に向かうと、お城のような石垣の上に相当年季の入った土産物店があり「よろづ屋商店　はちみつ　温泉下駄　チーズ」の看板が。とにかく、なんともそそる一角でした。

◎ 群馬県・甘楽郡下仁田町 　 🚃 上毛電鉄・下仁田駅から徒歩 　 🗓 2011.4.8

貴重な昭和テイストのパチンコ屋
看板建築が多く残る街並み

下仁田駅を出ると、そこに手つかずの昭和が ごっそり。街ぐるみで景観保存しているのか と思えるほどの充実ぶりで、次々とお宝級の 物件が目に飛び込んで来ます。この高揚感が たまらない。中でもパチンコ「富士ホール」 は圧巻。営業こそしていないものの、シャッ ターは閉じてなく、しかもきれいな状態のま ま。台を模したネオンサインが今もまぶしく

映ります。近くには「撞球場」と扉に書か れたビリヤード場もあり、カーテンの隙間か ら店内を覗くと、昭和初期と思われる扇風機 に掛け時計が。戦前そのままで驚きました。 どちらもすぐ営業再開できそうな雰囲気。お 向かいには中華料理店もあって、駅のすぐそ ばで食べて遊べて楽しい街。パチンコ屋はな くなりましたが、ビリヤード場は健在です。

◎ 茨城県・高萩市 🚃 JR 常磐線・高萩駅から徒歩 📅 2008.11.2

孔雀を思わせる華麗なアーチ
堂々「インベーダーゲーム」の看板

ここの目玉は孔雀のようなゲート。商店街の
アーチは意匠を凝らしたものが多く、これだ
けでも1つの作品。そして角地の酒屋と、そ
の右にちらりと見える看板建築の理容店。こ
こは"生きた"商店街。シャッター街も味わ
いがあるけど、開いている店はもっといい。
中ほどには地方によくある、よろずや百貨店。
もう1つの入口にも同様にゲートがあり、某

キャラクター（撤去済）もあったり、「楽し
いショッピング」など昭和レトロ商店街ある
あるのフレーズも。すぐ脇にはインベーダー
ゲームコーナーがあり、さすがに営業してい
ませんでしたが、「ザ・不良のたまり場」な
感じ。営業中はさぞや、入るのがためらわれ
たのではないかと想像。アーチもインベーダ
ーも今は写真の中だけに残り続けています。

◎ 茨城県・常陸太田市　　⊞ JR 水郡線・常陸太田駅から徒歩　　⊡ 2008.11.2

「セーラー万年筆」の看板が圧巻！
蔵を思わせる書店、ホーロー看板

「この街、なんかすごい」友人の車でここを通った際、車窓から見える風景に度肝を抜かれ、それから数回訪れるほど。まったくの偶然が撮影訪問のきっかけになりました。常陸太田駅からひたすら坂を上った鯨ヶ丘地区が、レトロ商店街の宝庫。徒歩や自転車だとキツイのですが、丘の上は昭和初期から中期のままで大興奮。1日ではとても回りきれないほ

ど。お気に入りはセーラー万年筆の文字が強烈な文具店で、いつもシャッターが下りていて廃業したのかと思っていたのですが、平日にたまたま通ると開いている！　土日はお休みのようで、まさに貴重な瞬間。『婦人公論』のホーロー看板が素敵な本屋も最高です。この界隈は看板建築も数えきれないほどあって街がまるごと昭和です。

16 国府付近の看板建築群

◎ 茨城県・石岡市　🚃 JR 常磐線・石岡駅から徒歩　📷 2009.9.25

建物11箇所が登録有形文化財に
密に連なる長屋建築が見どころ

ここは街全体が登録有形文化財で埋め尽くされた街。駅から5分歩くといきなりそれらの建物が密集したエリアに突入。ここがすごいのは表通りだけでなく、路地にも有名無名の看板建築があり、どこもきれいで現役なこと。それぞれ素敵で甲乙つけがたいのですが、お気に入りは国府3丁目交差点にある将棋会館の一角。庶民的な雰囲気の同じ長屋なのです

が、色も意匠もそれぞれ工夫を凝らしているのが好み。この通りには神殿のような化粧品店に、ウェスタン風味な「十七屋履物店」と、さまざまな建築物の見本市状態。昭和4年の大火後に建て替えられたままなのでしょう。埼玉県の川越ほど知名度はありませんが、茨城県民としてはもっと有名になって観光客が来てほしいな、と思う街です。

鉾田銀座商店街

◎ 茨城県・鉾田市　🚋 鹿島臨海鉄道・新鉾田駅から徒歩　📅 2007.3.31

続きの八百屋兼履物屋!?
なぜこの組み合わせなのか…

鹿島鉄道廃止の日、最終列車に乗りがてらの訪問。鉾田は私の住む場所の隣町ですが散策したことがなく、この機会にと歩き回ってみました。駅前には「ひよこハウス」という昔ながらのお好み焼き屋があり、地元のお祭りも重なり大変な賑わい。懐かしさを感じつつ鉾田銀座へ。そこは昭和遺産の街でした。めっきり見かけなくなったナショナル坊やが電気店のシャッターに。扉が木の食料品店、そして強く印象に残ったのは「天狗屋本店」の建物。白と焦げ茶のカラーリングも目立って大店の雰囲気ですが、左半分が八百屋、もう半分は履物屋という取り合わせが気になる。看板には「青果と履物」とあり屋号も同じ。兄弟か親戚で多角経営されてるのかなと、楽しい想像する時間を過ごしました。

花街に続いていた通りには
遊郭の大門も再建されて

遊郭のあった通りで、そこかしこに残っている当時の面影。平成に入り再建された廓の大門と高い柵も遊里の雰囲気。40年前に古老から聞いたこんな昔話を思い出しました。「神栖から船や徒歩でやって来るたくさんのお客さんでとても賑わっていた。船賃を惜しんで片道15キロを歩いてきた者もいたが、盗賊に狙われるので集団行動だった」。大門

からゆるやかにカーブを描く夕暮れの商店街の情景はお気に入り。ここを古老たちがワイワイガヤガヤとやってきたのだろうなと想像しつつの撮影。インパクトがあったのは「食堂わかたや」。モルタル壁に文字だけのネオンサインがとてもレトロで、それだけで昭和度が一気にアップ。大門は老朽化でなくなりましたが、浜丁通りは健在です。

忠敬橋周辺の商店街

◎ 千葉県・香取市　🚃 JJR 成田線・佐原駅から徒歩　📅 2015.9.21

裏通りまで入り込みたくなる
縦横に広がる街路の規模と密度

佐原駅一帯の魅力は、とにかく商店街が多いこと、それと、観光客向けに美しく整備された店から、地元民相手の昔ながらの店まで商店がバリエーションに富んでいること。どれも現役で生きたレトロ。博物館級の看板建築のすぐ近所に、トレーナーが吊り下げられた普段着の店があるなどのギャップがとても好き。「アサヒビール」の看板を掲げた酒屋に

観光客はおらず地元相手といった雰囲気で、昭和レトロな物件が自然に溶け込んでいる街。ふとん屋は、左側面のレンガ色に出っ張った白い庇が目立ってちょっとしたビルのよう。素晴らしいゴチャゴチャ感も佐原の魅力で、角を曲がればまた違った古い建物が次々現れるのは楽しく、密集度合いがたまらない。まだまだ散策のネタは尽きません。

うしく

◎ 千葉県・市原市　🚃 小港鉄道・上総牛久駅から徒歩　🗓 2007.1.9

かずさ

軒を連ねる書店、理髪店、家具店、
牛乳店、文房具店、旅館、金物屋……

のき

散策の拠点、上総牛久駅舎は登録有形文化財。木造の駅舎があたりまえのように日常に溶け込んでいます。駅を出て真っ先に目に飛び込んで来たのは石積み風の「福田書店」。店頭のマガジンラック、ハンコのスタンド、タバコカウンター……これぞ堂々たる街の本屋。昔はこういったなにげない書店が近所にいくつもあったものです。色褪せたテントに書か

れた品目には「はかり＆ます」の文字もあり、枡が商売の対象だったというのも時代を感じさせます。2階の十字型になったサッシもレトロさを醸し出してとても良い。さらに足を進めると直線的なデザインが目を引く理髪店を発見。2階部分が目立ちビルのよう。これも看板建築で、大きく見せようという当時の商店主の見栄と粋を感じました。

ます

柏の廃アーケード

（かしわ）

◎ 千葉県・柏市　🚃 JR 常磐線・柏駅から徒歩　📅 2009.7.12

グッとくるベビー用品店の看板
昭和チックなフォントとイラスト

ＳＮＳを始めてからは、そこで自分が知らない場所を教えてもらうことがあり、ここもその情報で訪問。行列で賑やかなホワイト餃子の店の向かいに入口がありました。表の喧騒とは正反対に、行き止まりのアーケード内は誰もおらず静寂の世界。「静と動」のギャップがたまらない。中はすべてシャッターが下りていましたが、主を失ったあとも「アイド

ル」「ルーエ」と健気に主張し続けていて、1980年代風なフォントがとても良い。飲み屋だけでなく、肌着屋もあります。グンゼの看板はかなり年代物のようですが、文字は左書きだし戦後だよなあ、でも年代はいつなのかなあと思いながら散策。通りの名も全盛期の様子もわからぬまま、ここも今はアルバムの中に残るだけとなりました。

◎ 千葉県・千葉市中央区　🚃 JR 総武線各駅停車・西千葉駅　🗓 2013.4.27

再開発前に残っていた3店舗の佇まい
立ち入れない部分も込みの遺跡感!

20年前に西千葉へ引っ越した際、崩落しかかったストアーを総武線のホームから見つけて気になったのがきっかけ。すでに端のほうの壁もはがれているのに、居酒屋や喫茶店が普通に営業していて、2階部分は相当年季の入ったアパート。そこは雨戸が閉ざされていて住人はゼロ。"ただものではない一角"という第一印象でした。気になりだして近所の

焼き鳥屋で常連さんから話を聞くと、「1960年の竣工で当初は八百屋などもあり、ここしか店がなかったので大変流行っていた」という思い出話が。そんな中、常連客の不動産会社の社長さんが「建物も限界なので近々、取り壊す」と。2階の部屋をどうしても見たかったと話したのですが、あまりに危険過ぎると言われて内覧はかなわずでした。

23 さつきが丘名店街

📍 千葉県・千葉市花見川区　　🚃 JR 総武線各駅停車・新検見川駅からバス　　📅 2023.2.5

これぞ昭和商店街! なアーチ
なぜか狛犬も鎮座する入口

バス停のある陸橋から下を覗き込むと、お目当ての「さつきが丘名店街」のアーチが。「商店街のアーチはアートである」なんて勝手に思っていますが、これがある街はかなり期待できます。階段を下り、アーケードをしばし見上げる。よく見ると船のようなデザイン。そしてなぜか真下には狛犬が一対。朝9時過ぎで開店には少し早かったものの、クリーニ

ング店をはじめ味のある看板揃い。お気に入りは惣菜店「あけぼの」のフォントで、「あ」と「の」がくるんと伸びているのが素敵。橋を挟んで向かいにはオレンジのストライプに波のような屋根があり、そこは「トップマート」という現役のスーパー。こちらも1970年代のムードでとても良い。公設市場の建物を転用したそうです。

ほの暗いセンター1階で営業する
時が止まった米屋と理髪店

西千葉に7年ほど住んでいましたが、つい最近までその存在を知らなかった場所。まだ営業してるのかなと思いつつ中へ。1階は理髪店が営業中で、子供の自転車が置かれ生活感にあふれていました。そっと2階に上がると、そこは完全に時間がストップした世界。昔のビルに多い暗い色のタイル、「三桜ショッピングセンター」と書かれた巨大な鏡、薄暗い

その空間に自分1人。1階に戻り、米屋でお買い物。店主のおばあさんからは、「ここで54年間商売をやっている」「20年ほど前まで隣りに大きな市場があり、魚屋だけでも3軒もあった」などのエピソードが聞けました。「古い商店街が大好きなんです」と伝えると、息子さんが「ディープな場所にようこそ」とニッコリ笑ってくれたのが嬉しい散策でした。

戦後の闇市がルーツ
海産物以外にさまざまで呉服屋も

浦安駅前を歩いていると、闇市時代そのままのような区画に遭遇。ここだけ時代がストップしています。きっちり区割りされて、ほかの闇市跡とは少し様相が違います。なぜだろうと考えながら歩道橋に上って撮影すると、思いもかけない規模の大型物件の発掘。すぐ横には浦安魚市場がありました。場外市場的な存在だったようです。のり、煮干しなど海

産物のほか、青果や日用品の文字も見え、ひととおり揃ったのでしょう。近づいて見ると、どの店の看板も力強いフォントで主張が強い。市場でよく見る書体です。午後だからやってないのかと思ったのですが、粗大ゴミが置かれたところも多いので、おそらくやめたのでしょう。ラーメン屋などが集まる一角は元気に営業を続けていました。

⦿ 埼玉県・行田市　🚃 秩父鉄道・行田市駅から徒歩　📅 2013.6.29

レコードをモチーフにした建物
歩道上には立派なアーケードが

行田駅からしばらく歩くと、目の前に現れたのはレコードをモチーフにした店。壁がレコードの形にくり抜かれているのがかわいらしい。この建物の魅力は、1階と2階のデザインが対になっていることと、モノトーンがベースでシンプルなことで、歩道のタイルともよく似合う。そして狭い間口が醸し出す密度感もいい。そこから新町商店街へ。屋根は時代を感じさせますがメンテナンスされており、商店会があるようです。シャッターが下りた店がほとんどなのは定休日だからか。立派なアーケードの下、1人歩くおばあさんのうしろ姿が寂しい。横道に入ると、完全に役目を終え看板の文字も色褪せてしまった中華料理店などが集まる一角へ。こんな忘れ去られた商店街を見ると、哀愁を感じるのです。

27 本庄（ほんじょう）銀座通り

埼玉県・本庄市　JR 高崎線・本庄駅から徒歩　2012.12.18

"銀座1丁目交差点"角の看板建築が圧巻 裏通りには古い飲み屋街が連なる

本庄駅の北側は古い木造建築が密集するエリア。自分のブログで勝手に「本庄もくみつ多発地帯」とネーミングするほど。写真館は洋館風で赤い屋根も良い。しかし瓦（かわら）は一部剥（は）がれ、手前の窓から粗大ゴミが顔を覗かせていて寂しい。一歩路地に入り、ピンクの壁が目立つ「レストランはじめや」へ。ここは現役で、ショーケースの小さいタイルと、日に焼けた看板が良い。そしてなんといっても圧巻は"銀座１丁目交差点"の集合建築。ここまで大規模で原型をとどめている看板建築はほかで見たことがありません。お気に入りポイントは、角が高くなった塔屋と丸い窓。そして周辺は、多種多様な店がぎっしりと密集しているゴチャゴチャ感の素晴らしさ。古い長屋には独特の魅力を感じます。

📍 埼玉県・大里郡寄居町　🚃 東武鉄道・寄居駅から徒歩　📅 2016.5.29

「第一パン」に惹かれて店内へ
居並ぶ懐かし広告看板に息を呑む

寄居駅をあとに、玉淀駅までの宿場町を散策。商店街で真っ先に目についたのは「山崎屋旅館」。建物は非常にきれいな状態で、併設された理髪店は雰囲気があります。石畳風の壁、歴史が刻み込まれた木の扉がじつに良い。小さいけれどとても凝った素晴らしい建築。通りを進むと懐かしい「第一パン」の袖看板が目立つ食料品店。私が小学生の頃はこの看板はよく見かけたもので、とても懐かしい。つい、気になって店の中を見ると、「キユーピー」「花らっきょう」等のホーロー看板が！ そこは「ザ・昭和」の世界そのものでした。そして、玉淀駅近くに行くとあった、色褪せてしまった「本町ラッキーセブン会」の案内板がどこか郷愁を誘う。レトロ大接近な寄居の散策でした。

◎ 埼玉県・秩父市　🚃 西武鉄道・西武秩父駅から徒歩　📅 2012.12.7

古い建物がみっちり詰まった道
はまるで映画のセットのよう!

秩父は心掴まれる物件が目白押し。駅近くの番場商店街を手始めに散策。まず目に入るのは木戸の自転車店。木の引き戸になった商店って、珍しいようで意外とまだまだあるものです。さらに進むと、2階の窓枠が美しいタバコ屋。よく見ると掃き出し窓のような小さな穴もあり非常に細かい造作。お向かいにはきれいに塗り直された「PENGIN」の屋号が

ついた店。この一角は本当に遺跡級物件の連続。そして圧巻は「パリー食堂」。黄金に輝く「パリー」の文字もさることながら、よく見ると上にはネオンが。入口の暖簾も同じ書体と大変凝っています。岡持ちを積むスーパーカブが店頭にスタンバイしていて、懐かしい「スプライト」のステッカーも。大衆食堂としてバリバリ現役なのです。

30 松原団地商店街

◎ 埼玉県・草加市　🚃 東武鉄道・獨協大学前駅から徒歩　📷 2012.10.9

「A商店街」〜「D商店街」
巨大団地らしい明快な呼称

まもなく消滅する街の記録となった訪問でした。団地は1962年開設で、ほぼ当時のまま。商店街は「A商店街」〜「D商店街」の4箇所。なんとも機械的なネーミングですが、広い団地で場所をすぐ特定できるからそう名付けられたのでしょう。B商店街を訪れると、街の電気屋が現役でした。店頭には古い形のテレビや電化製品が山積み。背後左にちらり

と見えるのは、今では珍しくなった2階建てテラスハウス。電気屋の脇から奥に入ると広場になっていて、まわりを店が囲んでいました。郵便局から診療所までひと通りの店がありました。近くにはお気に入りの長屋が。「パーマ」の文字と、右隣りのベビールームがとても良い。どちらも、60年前は団地の奥様方で賑わったことでしょう。

連雀町の商店街

◎ 埼玉県・川越市　　JR 川越線・川越駅から徒歩　　2015.1.18

現役の商店として残る看板建築
赤一色の煎餅屋、神殿のような洋品店

ここの魅力は、昔そのままの建築物が「これでもか！」というくらい残っていること。手つかずのレトロです。角地の煎餅屋は、赤一色で目立っており、閉まっているのに道行く人がみな目を向けるほど。左隣りも煎餅屋で、この一帯はお菓子の街。すぐ近くには、神殿のような洋品店「大野屋」、そして、映画に出てきそうな洒落たコーヒーショップ。入口

のドアはとても渋いですが、雰囲気に合わせて作られたのでしょう。お隣りの「いせや」も、ふと見上げると屋上のドームがすごい。かつての商人が贅をこらした建物がとてもきれいな状態で残り、しかも現役なのは素晴らしいこと。川越はこのような場所が多数あり、そんな、大正ロマンを存分に感じる街並みに心惹かれます。

立石仲見世
<small>たて いし なか み せ</small>

◎ 東京都・葛飾区　🚃 京成本線・立石駅から徒歩　📷 2017.3.4

せんべろで名を馳せた名所だが
アメ横的な生鮮食品のアーケードが

立石駅南口を出てすぐ目の前に現れるのが、立石仲見世の大きなアーケード。せんべろで名を馳せた立石ですが、ここにはアメ横的な生鮮食品店が左右両側にずらりと並びます。訪れたのは夕刻で買い物客で賑わい、店頭にも電気が灯ってじつに幻想的な雰囲気。ライトアップされた夕方の街並みも日中とは違った魅力。シャッターが下りてしまった店も多

いけれど、春先らしく桜の造花で飾り立てられた通りはピンクに染まり、夜なのに暗さはまったく感じさせません。通りの中ほどには、渋い育児用品店などが残る一角が。ここは開いている時に見てみたかったなあと思いつつパチリ。古い手書きの看板たちはもはや1つの作品であり、店が閉じてしまった今もなお、強烈に主張し続けて心に響きます。

◎ 東京都・葛飾区　🚃 京成押上線・四ツ木駅から徒歩　📷 2012.6.6

銭湯につながる商店街という面白さ
アーケードの名残りの骨組みが

入口の看板は何度か書き直されたようで、木根川商店街の看板には薄く「宝商店街」の文字が。この商店街の奥にはかつて「宝湯」という銭湯がありました。理髪店の開け放たれたドアのカーテンがかわいらしい。アーチをくぐると、中華料理店と美容院が営業していました。植木でみっちりの通りが下町らしい雰囲気。以前はアーケードもあったようで、

骨組みが残っていました。屋根があった頃を見てみたかったです。鳥料理店の看板はこじんまりしていますが印象に残るデザインで、夜にポッと灯ると素敵な風景となることでしょう。歩いている人はほとんどいませんが、銭湯があった頃はメインストリートで店も人もびっしりだったんだろうな、と往時の面影をしのびつつの散策でした。

関原不動商店街

せき　ばら

◎ 東京都・足立区　🚉 東武鉄道スカイツリーライン・西新井駅から徒歩　📅 2015.8.1

庶民的ムードの決定版！
朝市で「どじょうつかみ大会」

ここは複数の商店街が連なっていて、全長
1.5kmもある大変長い通り。適度なレトロ感
とどこまでも続く密集した街並みがたまらず、
ひたすら歩いていても苦になりません。お気
に入りの場所はいくつもありますが、スリッ
パなどを売る洋品店の店先は好みの1コマ。
「洋服の寸法直しいたします」のお知らせが
とても良い。どのくらい依頼が来るのでしょ

うか。そして理容店の建物も渋い。鉄のサッ
シ、半開きになる窓、入口のカフェカーテン
に、下町お約束の植木鉢ガーデニングと、い
ちいちいい感じです。とどめは「どじょうつ
かみ大会」で、賞品も、ワカメ、カップヌー
ドル、玉子と超庶民的。看板の文字が手書き
で1枚1枚個性があって素晴らしい。大会も
ぜひ見てみたいものです。

<ruby>日<rt>にっ</rt>暮<rt>ぽ</rt>里<rt>り</rt></ruby>

◎ 東京都・荒川区　🚃 JR山手線・日暮里駅　📷 2004.5

無造作にぶら下げられた駄菓子と
モルタル造りの壁がそそる

この駄菓子問屋街が再開発でなくなるとの新
聞記事をたまたま目にし、その週末に訪れま
した。現地はカメラを持った人や家族連れで
混雑しています。駄菓子をたくさん買って帰
る人や、問屋街を撮影する人たちが多く押し
寄せていて、最後の花火的な賑わい。消えゆ
くものは人の心を強く捉えるようで、私もそ
んな中の1人。モルタル造りの建物、無造作

に吊り下げられた駄菓子がそそります。通路
はお客さんでいっぱいなので、人が途切れた
瞬間にやっと撮影。店先で子供に駄菓子を選
ばせている親御さんと見守る店主の姿が良い。
Twitterでは懐かしがるコメントが上がって
いました。みんなの記憶に残ってきたのでし
ょう。周辺には渋い蕎麦屋や模型店の看板も
あり、素晴らしいゴチャゴチャ感でした。

◉ 東京都・墨田区　🚃 京成押上線・京成曳舟駅から徒歩　🗓 2011.6.20、2011.11.15

戦災で焼けなかった路地裏でコッペパンを
お巡りさんはおばちゃんと水やりを

これぞ「ザ・下町」。シャッターの下りた店は少なく、どこもぎっしり商品を並べ文字どおりキラキラ元気な印象でした。今では珍しい駄菓子屋には子供たちの自転車が居並びます。駄菓子屋は地方では壊滅状態ですが、東京には、減りつつあるとはいえまだあります。商店街の中ほどの交番では、地元のおばちゃんがお巡りさんと一緒に水やりする、なんと

ものんびりした風景も。東京のど真ん中でもサザエさんのような世界があるのです。そして一番の目玉は「ハト屋パン店」。看板の、パンを持って喜ぶ少女と追いかける犬がとてもかわいい。白熱球に照らされてショーケースにお行儀よく鎮座するコッペパンたちもとても良い。それをひっきりなしにお客さんが買い求めに来て、繁盛していました。

桐ヶ丘中央商店街

きり が おか

◎ 東京都・北区　🚃 JR 京浜東北線・赤羽駅からバス　📅 2010.7.5

お役御免となったコイン遊具が
整然と並ぶおもちゃ屋前の寂寥感

せき りょう

「ここが残っているのは奇跡に近い」素直に そう感じました。団地の商店街は1957年の 開設時そのままの雰囲気。エントランスの「桐 ヶ丘中央商店街」の文字が高度経済成長期風 のデザインで惹かれます。半分近い店はシャ ッターが下りていたものの、駄菓子屋やおも ちゃ屋は健在。ガチャガチャ、瓶の飲料自販 機、「エスキモーアイス」……どれも私の中で は昭和遺産決定。周辺を見回すと、ふとん屋 やパン屋、肉屋、電気屋、米屋があり、ほぼ すべてここで揃ったようです。昼下がりで買 い物客はなく、1人で街を独占できてぜいた くな気分。もっともインパクトがあったのは、 役目を終えた遊具たち。おもちゃ屋の前にず らりと並ぶ情景は訴えかけるものがあり、自 分のTwitterのヘッダー画像にしています。

38 トンネルマーケット

◎ 東京都・板橋区　🚇 都営三田線・志村坂上駅から徒歩　📷 2017.4.1

いくつかのビルが連なり
その中を抜ける通路がマーケットに

ここは文字どおりトンネルなのです。表側から見るとただの通路ですが、複数のビルが連なった構造で、その間となります。歴史は古く、終戦後間もない1947年の開業。中に入ると、肉屋のショーケースがホコリをかぶっているのが目につき寂しいけれど、反対側の、湯気が上った立ち食い蕎麦との対比は面白い、「明と暗」の世界。奥を覗き込むと明かりが

灯った一角が。なにかあるなとそろりそろりと足を進めるとお菓子屋が。暗い通路の中、いきなりズドンと営業中の店が出てくるのが宝探しのようでたまらない。ときどきこういった場所に遭遇しますがとてもワクワクします。奥まった場所ではありますが、お菓子屋もしっかり常連客がおり、80歳を超えた店主が元気に店番をしていました。

江古田市場

◎ 東京都・練馬区　🚃 西武池袋線・江古田駅から徒歩　🗓 2014.12.30

1922年頃創業「練馬のアメ横」
閉場してもなおその名を残して

江古田市場がなくなることを偶然ネット記事で知り、いてもたってもいられず西武池袋線に飛び乗りました。思い立ったら即行動が遺跡ウォッチャーとしては重要。江古田駅北口に降り立つと、そこは素晴らしい密度のある街。市場だけでなく、周囲の商店街もじつに良い。夕刻の到着で、買い物客でいっぱいになる時間帯。廃れて閑散とした街も味がある

けれど、お客さんで賑わっている街はもっと楽しい。暗い夜道の中、明かりに照らし出された洋品店、買い物客が途切れない通りと、とてもいいムード。市場内はアメ横ばりに魚や食料品が積まれています。92年の歴史を持つ市場も2日後にはついに閉場になる日。やりきった清々しい表情で、常連客と話す商店主たちの笑顔が心に残っています。

雑ニストアー

◉ 東京都・豊島区　🚇 東京メトロ副都心線・雑司ヶ谷駅から徒歩　📅 2014.1.15

なんと木造! の2階建て長屋
最後の1軒が閉店も通路として現存

雑司ヶ谷駅から住宅街の中を歩くと、突然「雑ニストアー」の看板が掲げられた通路のような通りが。ここが魅惑の地への入口。1956年の建設当時そのまま。最盛期には13軒もの店があったそうですが、訪れた時は八百屋1軒が残るのみ。店主が見るテレビの音が静かに響く以外は、物音一つない。木組みの屋根、端に積まれた野菜の箱、つぎはぎだ

らけの床、ホンモノのレトロ。とうに閉店した靴屋の看板を入れたアングルがお気に入りの1枚。白熱球で照らされる店頭が素晴らしい。23区内にもまだこういった場所が残っているのです。周辺も古い商店が立ち並び、手つかずの昭和でした。八百屋は2022年に店を閉じましたが建物全体は健在。現在も近隣住民の通路として使われています。

41 文京区設真砂市場

◎ 東京都・文京区　🚇 都営地下鉄三田線・春日駅　🗓 2011.7.12

1910年から100年続いた
公設市場のきっかけは「米騒動」!

「区設市場ってなんだ?」米騒動がきっかけ
でできた市場がまだあると知って気になり、
地下鉄春日駅へ。都営住宅の1階にありまし
た。市場となってますが、入口を見ると商店
街のよう。店内は1962年開設当時のまま。
八百屋や酒屋、パン屋などがあり、昔の駅の
地下街のよう。外せないのは突き当たりの「何
でも揃う真砂市場」の看板。シンプルで時代

を感じさせるデザイン。そして公設らしい手
入れが行き届いた、無機質な背景。昼下がり
でお客さんはあまりいませんでしたが、どの
店も商品がぎっしり。賑わう時間帯があるの
でしょう。平成半ばまで、このような公設市
場が新宿、四谷、入谷にもあり、ここが最後
の生き残り。2015年に閉場し、今はアルバ
ムの中で生きています。

◉ 東京都・新宿区　🚉 JR 中央線・千駄ヶ谷駅　📅 2015.12.15

東京五輪の立ち退きで誕生し
東京五輪の立ち退きで消滅

昭和の東京五輪による立ち退きで生まれ、50年を経て令和の五輪でなくなるという数奇な運命のマーケット。訪れた時は八百屋とタバコ屋のみで、すでにどちらも閉店が決まって最後の冬を迎えていました。入口の看板はとても好きなデザインで、「ペプシ」のステッカーで隠された文字はわからずじまい。八百屋の店主に声をかけて撮影。ご主人によると「魚屋や米屋が閉じたあと、住民が困るので冷凍魚やパンも扱い始めたが、冷凍ケースの管理が大変」など苦労話も。タバコ屋のおばあちゃんは気さくな方で「前のオリンピックで立ち退いてここに来たけど、また立ち退きなのよー」と笑っておりました。そんな中、「コカ・コーラ」の看板下に掲示された閉店告知を見る老婆がなんとも言えず寂しい。

今川小路

◎ 東京都・千代田区　🚃 JR 山手線・神田駅から徒歩　📅 2009.2.8

昼なお暗き山手線ガード下
バラック飲み屋街に漂う生活の気配

東京駅と神田駅の間にある高架下に、秘密基地のような飲み屋街が。ここは戦後すぐに店ができて、最盛期には16軒あったそう。これだけ密集していれば、呑んべえにはたまらない空間でしょう。ガード下で昼でも薄暗い。訪れたのは昼で、どこも営業していませんでしたが、エアコンの室外機の上には野菜が入った段ボールが置かれ、5〜6軒はやってい

そうな雰囲気が。一見カオスですが、きれいに掃除されゴミ1つない通路で、自転車もあって住民がいるようです。人通りもなく、上を通る電車の音が時おり響くだけ。じっくり見回すと、ガード下なのに2階には物干し台やハンガーが！　住み込んでいたのでしょうか。すごい環境ですが、一度どのようなものかお部屋を拝見してみたかったです。

44 サンケイプラザ

◎ 東京都・目黒区　🚇 東急目黒線・奥沢駅から徒歩　📅 2015.3.22

昭和&地方のステーションビルや
ショッピングビルのような佇まい

奥沢駅の目の前に、たまらなく懐かしいムードのビルを発見。昭和時代、和歌山のステーションデパートがこんな雰囲気で、黒地に白抜きの天井から吊り下がった行灯看板、暖色系のカラータイルの床、なんとも表現しがたい、店の密度感。子供の頃に見た光景そのものでした。入口にある日輪のような「ファミリーショップ」の看板もいい感じ。目黒のど真ん中でよくぞこの状態のまま残っているなあ。「ファミリー○○」も今や昭和フレーズだと勝手に思っています。意外に、都心部ほど昔ながらで流行っている物件が多く、郊外に行くとどんどんリニューアルされて古いものは残りにくい、という気が。23区内はまだまだこのような場所があるはずで、いずれ商店街を行き尽くしたい。

⊙ 東京都・品川区　🚃 JR 京浜東北線・大井町駅から徒歩　🗓 2011.8.16

戦後すぐにできた濃密な飲み屋街
狭い路地の上を巡る電線

大井町駅の表通りを一歩裏へ入ると、一気に闇市の名残りが色濃い小路に。人がすれ違えないほどの幅しかない通路の両側には飲み屋がびっしり。そして見どころは店だけでなく、頭上にもあるのです。高さ数メートルの上空には円盤のような街灯と、電線が張り巡らされています。また、厨房の裏手にはでかいボウルが立てかけられていたりして香港の街並みのよう。最盛期には200軒以上もあった店が現在は40〜50軒まで減少。それでもまだけっこうな規模感で、メインストリートのほか脇道も多数。びっくりするような細い道にまで店舗が。密度のすごさにあ然。お気に入りの1コマは美容室。ガラスやドアに貼られた花柄、赤いテントと看板と、コンパクトにまとまっているのが好きな光景です。

梅屋敷東通り商店街

◎東京都・大田区　◎京急本線・梅屋敷駅から徒歩　◎2015.7.25

映画のロケに使えそうなタバコ屋
ハンコ屋店頭の習字がたまらない

梅屋敷には5年間住んでいましたが、穏やかで人情味があり大好きな場所の1つ。駅前の第一京浜を挟んで2つの商店街に分かれていて、今回は東側を散策。真っ先に目に入るのは「うめやストアー」。ここではまだまだこういうマーケットは健在。少し先には「丸市食品ストアー」もあり賑わっています。この界隈は大田市場のお膝元ということもあって

八百屋が多く、こういった店も元気なのです。脇に入ると色褪せたトタンとすだれ、木戸がたまらない、映画のロケに使えそうなタバコ屋。おばあちゃんが店番をやってる感じがします。再び商店街に戻ると由緒ありげなハンコ屋が。書道教室も開かれていて、作品がところ狭しと貼られ、木札を作る時はここに筆耕をお願いしたいなと思い見ていました。

書道 ゴム印 ほうすいかい ゴム印 ぼくいんどう
研究 仿水会 実印 墨印堂

◎ 東京都・世田谷区　🚃 京王井の頭線・下北沢駅　🗓 2009.6.30、2012.5.30

戦後の闇市をシモキタで感じて
都内一等地駅横にあった奇跡の市場

気に入って何度も訪れた場所の1つ。最初に行ったのは2009年で、再開発は始まっていたものの、画材店やドラッグストアをはじめ、何軒も元気に営業中でした。お洒落でエスニックな店もいくつかあり「本当にここなくなるのかなあ」と思ってました。闇市発祥らしく中は複雑に入り組んでいて、思った地点になかなか辿り着かず。しかし通路は明るく、人通りもそれなりにあって暗さを感じさせない。和菓子屋の写真のみ2012年の撮影で、空っぽの店内と、誰もいない市場内にポツンと動く自動販売機が、なんとも郷愁を誘います。この3年の変化は大きく、かなりの店舗が退去し空き地も目立つ状況になっていました。2018年には駅前の区画整理も完了し、すべて取り壊されています。

共悦マーケット

◎ 東京都・世田谷区　🚃 東急世田谷線・松陰神社前駅　📅 2010.11.17

プラスチックの波板で覆った入口
すり減ったアスファルトの道

商店街は昼と夜で違った表情を見せます。できるなら青空の下と、照明に美しく照らし出された夕刻と2回撮るのが理想。仕事を終え夕方に訪れたのですが、アーケード内は黄色くライトアップされてじつにいいムード。ここは1959年の建築ですが、その当時の面影を色濃く残しています。マーケット内は飲み屋のほか洋品店もあり、通路両側には白線の

ようなラインが。自転車も商品も白線内に収まってますから、この線は通路を確保するためのものなのでしょう。表通りもシャッターが下りた店舗はほとんどなく、山積みにされた八百屋、トロ箱が積まれた飲食店と元気な街。駅前ということもあって人通りは途切れず、長らく生き残ったこのマーケットも、2021年3月でその歴史を終えました。

中野光座

◎ 東京都・中野区　🚇 JR中央線・中野駅　📷 2009.2.17

外の喧騒を遮断する元映画館
建物内部は複雑に入り組んで

「なんかすごそうな建物があるぞ」中野五差路をバスで通りかかった際に偶然発見し、すかさず途中下車。1960年代後半の建築で、昔訪れた「西ノ庄デパート」（P155）と同時代っぽい雰囲気。表側はシャッターがすべて下りていました。裏手には飲み屋がありますが、窓が外れたりとカオスっぷり。入口を見つけて館内へ入ると、静寂とモノトーンの世界でした。通路は複雑に入り組み、開いている店は1軒もない。通る人も誰もおらず、大きな通りに面した表の喧騒とは正反対。かつては多くの店があったのでしょうが、看板もなく、どんな店があって賑わったのかわからずじまい。大昔は上階に映画館があったそうで、その後は小劇場として長らく使われてきたとのことでした。

西荻デパート

にし おぎ

◉ 東京都・杉並区　🚃 JR 中央線・西荻窪駅　📅 2015.12.9

「高度なる　成長期担う脈々と
商店街の雄　西荻デパート」

西荻窪を散策中に偶然発見した場所。いつも
はある程度目的地を決めて街を歩くのですが、
そうではない、思いがけない発見は現地を訪
れる醍醐味。庶民的な「デパート」を見ると
ゾクゾクします。ここは戦後すぐの開業。八
百屋、洋品店、花屋の３軒が営業中。冬場で
ミカンが並んだ八百屋の店先を横目にデパー
ト内へ。中は「L字型」の通路で、店が退去

した空きスペースには絵も飾られ明るい雰囲
気。反対側は洋品店で、おばちゃんが好みそ
うな色、柄がずらり。ピンクやベージュ、花
柄などで、入口も華やか。そんな「デパート」
も2017年３月にその歴史に幕を。後日、商
店街で行われたイベントで、詠み人知らずの
歌も披露されました。「高度なる　成長期担
う脈々と　商店街の雄　西荻デパート」。

小向マーケット

（こむかい）

◎ 神奈川県・川崎市幸区　🚃 JR京浜東北線・川崎駅からバス　📅 2015.1.24

昭和20年代創業期のままの看板を
見るだけでも行っておきたい

「手つかずの昭和」な物件。小向バス停を降り、「小向日用品市場」を横目に住宅街を数分歩くと、目の前に昭和20年代そのままのマーケットが。トタンの建物、簡素なベランダとまさに「ザ・戦後」。この状態を保ったままよくぞ令和まで生き残ってきたものです。ここは1953年の開業で最盛期は16軒あり、訪れた時は洋品店に惣菜店など4軒が営業して

いました。色褪せてしまった万国旗がとても良い。全体の雰囲気も素晴らしいのですが、注目すべきは頭上に吊るされた看板。「風月堂」「森雑貨店」など店ごとにフォントが違います。丸ゴシックあり大正浪漫風な書体ありと、デザイン好きな人にはたまらないビジュアル。建物は一部崩落が始まっており、ここもいつまであるかが気がかり。

◎ 神奈川県・川崎市川崎区　🚃 京急大師線・東門前駅　📅 2011.11.4

通りの随所に飾られた造花で
懐メロが似合う佇まい

東門前の駅を出て川崎大師に向かう道すがら、素晴らしい商店街に遭遇。昭和町にあるので昭和通り。ノスタルジックな地名のとおり、街もレトロ全開でした。果物がところ狭しと並んだ八百屋に、昭和の名を冠するマーケット、吊り下げられた造花、「自家製おでん」の文字が迫ってくる。人通りもそこそこあり、この一角はまぎれもなく「生きている昭和」

で、懐メロが似合いそう。川崎もまだまだ元気な場所が多いのです。東京ではだいぶ減ってきた光景で、こういう街並みはいつもワクワクします。市場の裏手に回ると洋品店があり、その脇を進むと忘れ去られたかのような飲み屋街が。しかし2016年頃から閉店する店舗が急激に増え、マーケットも消滅。変化の速さにはとまどうばかり……。

栄町日用品市場

<ruby>栄町<rt>さかえ ちょう</rt></ruby>

◎ 神奈川県・横浜市鶴見区　　📻 JR京浜東北線・川崎駅からバス　　🗓 2023.3.10

建物脇から無人の通路に踏み入れば
そこは完全に役目を果たした市場

横浜、川崎の日用品市場は調べてかなり回ってきたのですが、ここはリストにもなくつい最近発見した場所。まったく情報がなく歴史などは不明。平安町2丁目のバス停を降り、お目当ての市場へ。表側は不動産屋やもんじゃ屋などで入口が一瞬わからなかったのですが、北側に通路があり中へ。入った瞬間、思わず息を呑みました。看板も店も昭和20年

代のまま。自転車はわりと新しめなので、住民がいるのでしょう。青果、海苔、文具となんでもあります。いつ頃まで営業していたのでしょうか。肉屋はショーケースがホコリをかぶり真っ白で、閉店してから相当年月が経っている様子。反対側の壁面には日用品市場の大きな文字が。外観全体の撮影では、大きな建物で歩道も広くなく苦労しました。

54 六角橋ふれあい通り

◎ 神奈川県・横浜市神奈川区　㊞ 東急東横線・白楽駅から徒歩　📷 2017.3.4

闇市感を残しながらの現役営業
八百屋、洋品店、毛糸店、豆腐屋…

ここは闇市がルーツ。表通りも商店街なのですが、狭い路地を入ると突然目の前に「ふれあい通り」が。入口を知らないと通り過ぎてしまうようなロケーションですが、人通りは多く「こんな奥に賑やかな場所が！」と最初は大変驚きました。なんといっても魅力は昭和そのままの店がずらりと現役であること。どの店の看板も昭和20年代そのままで、手

軽に当時を体感できます。ひなびた街もいいけれど、輝いている街はもっと面白い。近所にあったら子供を連れて毎日行きたくなるくらいウキウキします。そしてここの目玉は青果の「池上商店」。茶色い壁の建物、ぶら下がった白熱球、「青物果實　大勉強の店」の札。そのまま映画の撮影にも使えそう。夏場は「ドッキリ闇市」など楽しいイベントも。

笹山団地の商店街

◎ 神奈川県・横浜市保土ケ谷区　◎ JR 東海道線・横浜駅からバス　🗓 2013.10.13

フォントがなんともかわいい
「パーマ 美容一般」の行灯看板

笹山団地中央バス停を降りると、時計付きアーチがお出迎え。そこをくぐると「笹山中央マート」の黄色い大きなテントが目に入ります。肉屋と魚屋の2軒が営業していましたが、表側からはわかりにくいためか、営業中の立て看板が何本も。頭上にはかつてあった店の名がずらり。右手を見ると「笹山アーケード商店街」の大きな看板が。「アーケード商店街」の名を冠するところは珍しい。これは行くしかありません。中に入ってみると、蕎麦屋、ふとん屋などがずらり。現役の店が多く規模も大きい。木の引き戸の店もあってじつに渋い。「パーマ」の行灯看板がお気に入りで、フォントがかわいらしい。「笹山中央マート」は2023年に歴史を閉じましたが、「笹山アーケード商店街」は健在です。

瀬谷駅前名店街

◉ 神奈川県・横浜市瀬谷区　🚃 相鉄本線・瀬谷駅から徒歩　🗓 2012.8.14

アーチ上部に10個のシャンデリア
各店舗の看板の形状に統一感が

途中下車で偶然発見した街。ちょうど再開発の真っ最中らしく、ほとんどの店はシャッターが下り、通る人が誰もいない中を、個性あふれる看板を眺めながら散策。「ハイセンスなおしゃれの靴　ヨシダ クレヂットセール」のコピーがいい感じ。横にハイヒールのワンポイントが描かれています。デザインは各店さまざまですが、雀荘のも同じ四角形で形は

お約束があるのでしょう。通りを行くと、オレンジのストライプが目立つ玩具店とセトモノ店が、閉店したあとも目をひいています。シャッターに描かれたチューリップがかわいい。そして圧巻は駅側の入口で、「瀬谷駅前名店街」の誇らしげなプレートと10個のシャンデリアがお出迎え。全点灯しているところを見てみたかった。

◎ 神奈川県・横浜市磯子区　🚃 JR根岸線・根岸駅から徒歩　📷 2015.7.12

1945年からの歴史なれど
いまなお店はひしめき人で賑わう

本書のカバー写真として採用された、栄えある「ザ・商店街遺跡」です。横浜の商店街巡りでは外せない場所の1つ。根岸駅から少し歩いてマーケットへ。周辺もレトロな店舗が多く散策は楽しい。ここの魅力は、昔の雰囲気のまま営業を続けて地元客で賑わっていること。「昭和の日常」を普段着で追体験できる数少ない場所。再現されたものも良いけれ

ど、リアルな生活の場が醸し出すムードはやっぱり違う。マーケットの中は生鮮品にお菓子、金物屋となんでも揃っています。映えスポットはカバーになった山側の入口。人通りが多く、この時も5分ほど粘ってタイミングを見ての撮影。派手な黄色の特売日、お約束のコピー「何でも揃う」、お好み焼きの屋台、と大阪っぽい雰囲気。お気に入りの1コマ。

神奈川県・横浜市港南区　京急本線・上大岡駅からバス　2011.11.16

通路に続くRでせり上がった
黄色いテントが絶妙の味わいを

上大岡駅からは、バスで15分と少し離れた場所。1966年の開設当時は周囲に店がなにもなく、大変賑わったそうです。バス停の目の前には黄色い「芹ヶ谷銀座」のテント。Rでせり上がったデザインが良い。入口に「せりぎん」の文字、金融機関のようなネーミングですね。シャッターが下りた店も多いですが、洋品店は女性客で賑わっておりました。

すぐ横の通りはバス停への近道となっていて人通りが絶えません。中は「卜の字型」になっていて、奥で曲がるとパン屋など数店舗が営業している一角が。通る人はほとんどいませんでしたが、どの店も通路まで商品がびっしり並べられ明るい。2014年の大雪でアーケードが損壊し撤去されましたが、商店街もレトロな黄色のテントも健在です。

三崎銀座商店街

◉ 神奈川県・三浦市　🚃 京急本線・三崎口駅からバス　📷 2015.8.4

漁師町の活気が漂ってくる
大規模商店街のお目当ては洋品店

三崎口駅からバスで三崎港へ。バス停を降りるとそこは昭和の街。お目当ては「マツウラ洋品店」の看板建築。初めてネットでこの建物を見た時は衝撃を受け、いつか行こうと思っていた場所。歩いてみると思いのほか見どころが数多くありました。ブラシ、鍋、ホースなどあらゆる物がぶら下げられた荒物屋。ここに来れば欲しいものは揃いそうな商店街

は途中でいくつか枝分かれし、お目当てとは別の洋品店のある一角も気になったところ。突き当たりに鳥居がある風景が好みです。そして一番の圧巻は、通りの入口に堂々と鎮座する「いづみや洋品店」。色褪せた「メンズウェアー」の看板、くすんだモルタル、いちいち良い。極めつきは斜めに入った「いづみや」の文字で、これがお気に入りの1コマ。

月江寺駅前の商店街

<ruby>月<rt>げつ</rt></ruby><ruby>江<rt>こう</rt></ruby><ruby>寺<rt>じ</rt></ruby>

◎ 山梨県・富士吉田市　🚃 富士急行・月江寺駅から徒歩　📅 2015.10.25

商店街が縦横に入り組む富士吉田
書店で昭和30年代にタイムトリップ

富士吉田は味のある街並みが広がり、どこから散策しようか迷うほど。訪れたい場所は数多くあったのですが、まずは月江寺界隈へ。どの道を曲がっても年季の入った商店街だらけで、歩き回るのに夢中で写真を撮りそびれるほど。目の前にレトロ物件が次々と現れる高揚感がたまりません。「蛇の目寿司」の通りは「地方都市の昭和」な風景。一歩脇道に入ると突然、忘れ去られたような飲み屋街に。ひなびた雰囲気でどこか寂しい。そしてここでの最大の目玉となった「月の江書店」。偶然発見して、あまりのインパクトに数秒間固まってしまいました。なんと新刊雑誌も並ぶ現役の本屋。薄れた看板を見ると模型や無線部品も扱っていたようで、ご当地の文化の発信地だったのでしょう。

清水駅前銀座

◎ 静岡県・静岡市清水区　◎ JR東海道線　清水駅から徒歩　📷 2000.3.1

レインボーのゲートがメジャー感を
玩具店からおさるさんのシンバルが鳴り響く

清水在住の知人に勧められ静岡へ。「レトロ商店街がとても好き」と周囲に公言しているといいことがあるもので、ときどき「あそこに古い街並みがあるよ」と耳より情報がもたらされるのです。まずはお目当ての「喫茶富士」へ。洋菓子喫茶と銘打つだけあって、入口にはケーキが並んだショーケースが。シャンデリアもいい味。富士山をモチーフにした

看板がとても良い。この商店街は歩行者信号のメロディーも「ふじの山」で、富士山愛を感じます。看板建築が美しい洋品店を堪能し、再び駅前銀座へ。「こだからや」というネーミングが素敵なおもちゃ屋からは、おさるさんのシンバルが鳴り響きます。アーケードは1967年の設置。歩く姿のネオンとレインボーがレトロで、光ったネオンも見てみたい。

松應寺前横丁

しょう おう じ まえ

◎ 愛知県・岡崎市　🚃 JR 東海道線・岡崎駅から徒歩　📅 2014.8.31

お寺の前に戦後発展した横丁には
やがて花街も形成されていき

松應寺の看板をくぐると、突然商店街が現れます。ここは戦後闇市がルーツで、戦争で焼け出された人々がここで商売を行ったのが始まり。昭和20年代後半に現在のアーケードが建設され、最盛期には花屋や呉服店までできて、さらには花街が形成されました。その名残りなのか今もバーや飲食店が立ち並びます。まず目に着いたのはエメラルドグリーン

の塗装が剥がれ落ちた美容院。「ワンステップパーマ」の文字がレトロ。「飛び出し坊や」の角を曲がると、突き当たりにお寺がある路地へ。かき氷屋もあり、もっとも気に入った一角。狭い道の先にあるお堂をバックに古民家がある風景はとても絵になってたまらない。賑わっている時なら、いい写真が撮れそうと思いました。

◎ 愛知県・西尾市　🚃 名鉄西尾線・西尾駅　📷 2007.6.10

大衆演芸場→映画館兼駄菓子屋
＋食堂＋飲み屋＝総合レジャー施設

西尾駅は劇場の真裏なのですが、駅を出て真っ先に思ったことは「屋根がとてつもなくデカい」。横の飲食店や電柱と比べてもかなりの高さであることがわかるかと思います。横の崩れかけた飲み屋街の前を通り正面へ回ると、1940年建築の劇場が目の前に。あまりの異様さに呑まれ、写真を撮るのを忘れてその場でしげしげと眺めておりました。上映中の「エクステ」も怖そうだけど、ここそのものにも入るのにけっこう勇気が……。あたりを見回すと、左手には小さな「ニコニコ食堂」があって、ここはいつまでやっていたのでしょう。ドアに貼られた「マイルドセブン」のデザインは新しめなので、最近まで開いていたのかもしれません。「西尾劇場」や周辺の食堂街は2014年になくなりました。

◉ 愛知県・瀬戸市　🚃 名鉄瀬戸線・尾張瀬戸駅から徒歩　🗓 2011.1.24

地上にあるのに「地下街」の不思議
色褪せたロゴが並び幻影感が漂う

瀬戸には1年間住んでいました。瀬戸物で栄えた街だけあってアーケード商店街が4箇所あり、ここもその1つ。地下じゃないのになぜ地下街なのだろうと長らく不思議でしたが、うしろの公園とかなりの高低差があり、その公園から見て地下部分、ということのようです。2軒ある焼きそば屋は、瀬戸市民の間では有名な店。私も何度か連れていってもらい

ましたが美味しかったです。商店街のお気に入りポイントは、軒先に掲げられた看板。どこの店も1文字ずつ貼り付けられていて、じつに良い。店も飲食店だけでなく食品模型など業種もさまざま。中でも「ビジョン幻」「あかり」などは色褪せた文字が郷愁を誘います。「ビジョン幻」は映像制作会社かと思いきや……スナックでした。

「店名がない店に名店あり」
暖簾だけのウナギ屋がたまらない

東海地方、特に名古屋近郊の旧街道沿いは、昔ながらの建物が残る場所が多く、ここもその1つ。お目当ては「ベビー用品覚明堂」でしたが、そこに至るまでの街並みもいい雰囲気。夕暮れ前ならいい写真が撮れそう。覚明堂だけでなく、この一角はとても渋い。名古屋らしく「屋根神様」も屋根の上にちらほら。八百屋などは全然なくて、化粧品や洋品店が目につきます。「ベルマン化粧品」の店も良い。この時代の看板は正面だけでなく、側面も見えるように角度を付けてるのが特徴。そして極めつきは蒲焼専門店。看板がどこにもなくて、「うなぎ」と書かれた暖簾とノボリのみという徹底ぶり。このような、店名がない店ほど名店という話もあります。家が近ければ買って帰りたかったなぁ。

66 中央菓子卸市場

◎ 愛知県・名古屋市西区　🚃 名古屋市営地下鉄鶴舞線・浅間町駅から徒歩　📅 2014.7.11

トタン壁が究極の「サビ」で美しい
うっすら残る市場名が味わいを深めて

ここの周辺は菓子問屋街で、最盛期には菓子関連の会社が400社もあったそうです。さあ、ランドマーク的存在の中央菓子卸市場へ。茶色にサビきったトタンが青空とよく合ってたまらない。1950年頃にできた建物内へ入ると4〜5軒の店があり、ところ狭しと段ボールが積み上がっていました。名古屋市内だけでなく近郊のお菓子屋も仕入れに来ているようです。店頭には誰もおらず、声をかけると奥から出てくるシステム。業者へのまとめ売りが基本ですが、一般客にも売っていました。裏手に回るとかなりの崩壊ぶりで、これはいつ消えてもおかしくないだろうなと。2022年夏に気になって再訪した際は、最後の1軒だけが営業していました。日曜祝日休み、現在は市場内の撮影はできないそうです。

◉ 岐阜県・岐阜市　🚃 JR東海道線・岐阜駅から徒歩　📅 2014.7.11

「○丁目」の数字を大きく記したゲート
軍艦のように連なる問屋街ビル

「岐阜駅前に山本さんが好きそうな街があり
ますよ」と大学時代の後輩に誘われての訪問。
訪れると素晴らしい昭和遺産でした。コンク
リートむき出しの、1967年に完成した「繊
維問屋街ビル」。ひっそりと静まり返ったア
ーケード。問屋街というだけあって、ものの
みごとにアパレルの店ばかりで喫茶店すらあ
りません。これが休日ともなるとほとんどの

店はシャッターを閉じ完全に静寂の世界へ。
歩き回って気がついたのは、通り入口にある
「○丁目」の表記が派手で意匠を凝らしてい
て面白いこと。2丁目、4丁目が特にインパ
クトがありましたが、ほかの通りも独特のデ
ザイン。そして、2丁目右手の建物はかなり
古そう。こんな静かな街も、年4回の繊維祭
りの際は大変な人出で賑うそうです。

68 大垣駅周辺

<ruby>大<rt>おお</rt>垣<rt>がき</rt></ruby>駅周辺

📍 岐阜県・大垣市　🚃 JR 東海道線・大垣駅から徒歩　📅 2016.10.9

膨大な品数のよろず雑貨が並ぶ
木造のなんでも屋のインパクト

大垣は30年前に来たことがあり、なにか古い建物があったような気がしたなあとおぼろげな記憶を頼りに、P94の岐阜駅前とセットで再訪。古い街並みに興味を持ち出してから訪れる大垣は新鮮。ここでの圧巻はすさまじい陳列の荒物屋。一見骨董屋のよう。開店準備の様子を一度見てみたい。駅前には、昔ながらの薬局と、駅前旅館などが立ち並ぶ密集

した商店街が。植え込みのある木造家屋が、名古屋エリアでよく見かけるスタイル。アーケード内に入ると渋い靴屋があって、木の引き戸がいい感じ。脇道を覗くと洋裁教室が。「プリンセス洋裁」の名に惹かれ撮影。いつ頃まで教室が開かれていたのでしょうか。40年ほど前、母が読んでいた婦人雑誌に付録で型紙が付いていた記憶が蘇ります。

◎ 三重県・いなべ市　🚉 三岐鉄道北勢線・阿下喜駅から徒歩　📷 2011.1.25

サビきって読めない「ペプシ」の看板
レコード屋にはびっしり演歌のポスター

親戚が北勢線のすぐ近くに住んでいて「あの電車はアゲキに行くんだよ」と聞いた幼き日の記憶。「アゲキって面白い名前だな。どんな場所なんだろう」と40年の歳月を経て訪問。1時間ほどトロッコ電車に揺られ終着駅へ。林を抜け、山を越えた先には手つかずのレトロが残っていました。駅を出て坂を上がると年季の入った「ペプシ」の看板と「デグチパ

ン」がお出迎え。少し脇にそれると「学生堂」というCDショップが。サブスク全盛の今ではめっきり減った業種ですが、演歌を全面に押し出していました。名前のとおりかつては若者で賑わったのでしょう。近くに「ホクセイスーパー」本店。描かれた虹と店名のロゴマークが良い。倉庫風の建物が。昔ながらのスーパーのようで、好きな一角です。

東町商店街

◉ 三重県・三重郡菰野町　🚃 近鉄湯の山線・菰野駅から徒歩　📅 2013.11.12

明治時代の薬局や旅館が並ぶ一角は
通りがまるごと博物館のよう

菰野駅を出て、住宅地を歩き旧街道へ。通りに出た瞬間、目の前には木造の商家がぎっしり。広い通りの両側に木造の古い建物が並ぶさまはなかなかのもの。ここは江戸時代にできたとのこと。緑のタイルが目を引く割烹に旅館。30年近く前に四日市に住んでいましたが、こんな素敵な場所が近所にあったとは気づいていませんでした。小雨の中、誰もい

ない通りを進むと東町商店街のアーチがお出迎え。どこに行ってもこれをくぐると「商店街に来たぞー」という気分が盛り上がります。「油桂旅館」の向かいには酒屋があって、看板と2階の手すりがお気に入り。宿泊や宴会で繁盛したのでしょうか。土蔵のようなタバコ屋の軒先には達筆な「栗まんぢゅう」の文字。発見の多い街並みでした。

三和商店街
(さんわ)

◎ 三重県・四日市市　🚃 JR 関西本線・四日市駅から徒歩　📅 2013.11.12

表彰台のようなファサードが目立つ
食堂の壁に書かれた「カレー50円」！

JR四日市駅を出て歩くこと数分。ハローワークの前に表彰台のような建物が。お目当ての建物を前にして、しばし鑑賞。ここは1950年代前半の建築。「明るい商店街」の看板の下にはうっすらと「暴力追放」のコピー。中に入ると、写真だと明るく見えますが思いのほか暗い。飲食店がほとんどで、すれ違う人はゼロ。一見やっていそうな店も、「倒壊

のおそれ」と行政による使用制限の紙が貼られたところが散見されます。内部は「T字路」になっていて、右手は石畳が素敵な飲み屋街。アーケードの屋根は木でまさに遺跡。反対側は増築をくり返したようです。高さも幅も1.5mほどの狭いトンネルをくぐると、食堂と「カレー50円」の文字。植え込みとマッチして好み。ここも今はありません。

大門商店街と大門飲食店街

◎ 二重県・津市　近鉄名古屋本線・津新町駅から徒歩　2014.7.12

ある日突然人がいなくなり
そのまま残ったような寂寞感

力強いフォントの「大門商店街」がレトロ。昭和度全開でいい感じ。中に入るとそこは、完全に忘れ去られた街でした。本屋、化粧品店などが並んでいますが、営業している店は1つもナシ。ホコリっぽい通りは、ある日突然誰もいなくなって長年そのままになってしまった感が。すれ違う人もいない通りを進むと、2階の飲食店街に上がる階段が。そこに

も店がいくつかあり、美容室のピンクのテントと隣りの濃緑との取り合わせが良い。階段の脇からニャンコがお出迎えしてくれました。2階の第一印象は「暗っ！」写真ではかなり明るくしていますが、実際には手前付近は真っ暗で、懐中電灯を持ってくればよかったと思ったほど。この状態でもし誰か来たらと思うと軽く緊張しました。

73 河﨑商店街

◎ 三重県・伊勢市　🚉 JR参宮線・伊勢市駅　📷 2013.11.12

右書き「場市認公」の文字は戦前からの歴史か
崩落が始まる中でただ一軒の花屋が

伊勢市駅から少し歩いてお目当ての「河崎商店街」へ。伊勢はアーケード商店街が複数ありますが、ここはおそらく最古でしょう。周囲にも店舗がずらりと並び、門前町のようなロケーション。そしていよいよ本丸へ。サビサビの外壁、ラッパ型のスピーカーがいちいち良い。壁の左手には「公認市場」の文字があり、それがなんと右書き。戦前か終戦直後

の建物なのでしょう。さすがにやっている店はないだろうなと思いつつ中に入ると、最後まで残った花屋が元気に営業。崩れかかって通る人もいないから誰も見ないはずなのに、「先日は孫の運動会で休んですみませんでした」と律儀なお知らせの紙が。ウサギの看板とともに強烈な印象を残しています。この商店街は2016年に消滅しました。

米原駅から鳥居本駅周辺

◎ 滋賀県・米原市、彦根市　🚃 近江鉄道・米原駅〜鳥居本駅から徒歩　📅 2007.3.26

駅のホームから見えたおでん屋が
気になって思わずぶらり途中下車

米原駅で乗り換えの際、ホームからポツンと「想い出」が見え、たまらず途中下車。この店は1952年の開業とのこと。かつては周辺に170軒も店や建物があって国鉄職員で賑わったそう。訪れた時は再開発の真っ最中で、奇跡的に最後の1軒を見ることができました。ロケセットのように、植え込みとともに広場に取り残された姿がたまらない。けれど、び

っしり立ち並んだ様子も見たかったです。ここも今は思い出の彼方へ。さらに近江鉄道に乗り換え、車窓から素敵な木造駅舎を見かけてまたもや下車。鳥居本駅は「世界で一番長いコンサート」のギネス記録に挑戦中で、駅舎内ではコンサートが行われ賑わっていました。駅前には古い商家があり、年代物の看板と木の引き戸が渋い酒屋をパチリ。

75 黄檗新生市場
おう ばく しん せい

◎ 京都府・宇治市　⊞ JR京都線・黄檗駅　🗓 2014.2.6

くじら専門店の看板が貴重
奥は暗くなって時が止まった一角に

古い街並みが好きと公言すると情報が集まっ
てくるもので、ここも友人から教えてもらっ
た場所の1つ。この難読地名は、近所の仏教
寺院が由来。1963年築のアーケードをくぐ
ると、7〜8軒が営業中。最盛期には42軒も
あったそうです。入口付近は明るいのですが、
すでに取り壊されてしまったところも。長い
通路を進むとどんどん暗くなり、閉ざされた

シャッターや、観葉植物が枯れて放置された
店内など、なんとも言えない寂れた区画も。
真っ暗の中1軒だけなにもなかったかのよう
に店が開いている姿に軽い衝撃を受けました。
通る人が誰もおらず看板を眺めておりますと、
時代を感じさせるくじら専門店のかわいいイ
ラストが。とてもレトロな商店街でしたが、
2016年に消滅しました。

76 京阪トップ商店街

◎ 大阪府・寝屋川市 　京阪本線・萱島駅から徒歩 　2014.2.4

ほの暗いアーケード内には
万国旗と大きな電灯が連なって

「レトロ度もトップクラス！」と勝手に思ってしまう激渋の商店街。特徴はなんといっても張り巡らされた万国旗。ぶら下がるシャンデリアのような電灯もたまらない。別のアーケード商店街と、アーケードでつながっていて、それなりの規模です。表に出ると「京阪トップ商店街」と書かれた黄色い看板と、古い農家を思わせるひさし。このアングルは

とても好み。屋根の上部中央がポコンと飛び出しているのは、明かり取りのためのもの。これがけっこう効果大で、歩いていても暗さを感じさせません。シャッターが下りてしまったところも目立ちますが、八百屋や化粧品店は現役。イチオシの1コマはワンコを連れたおじさんが買い物に向かうシーン。大阪らしい庶民的なムードがとても良い。

◎ 大阪府・東大阪市　◎ JR 東西線・鴻池新田駅から徒歩　◎ 2014.2.4

看板の文字は木を組んだもの！
アーケードの骨組み、雨戸、窓、扉も木製

到着してまず驚いたのは、看板の文字が木ということ！　あちこちの商店街を回っていますが、文字自体が木製というところは初めて。「鴻池商店街」の文字がかなり横長で両側に広がり、真ん中にトンネル状の通路が位置する面白いデザイン。よくよく見ますと、アーケードの骨組みから、雨戸、窓、扉も木で、みごとに木製で統一されていました。元公設

市場ですが、訪れた時は店は1軒もなく、民家や事務所として利用されていました。靴屋や電気屋の看板は残り、商店だった面影がそこかしこに。住民から「最盛期は1950年代後半から70年代前半」「向かいには銭湯があって、店を閉めたあと下着のままで銭湯に行った」などのエピソードも聞きました。今は屋根がなくなり、様相も変わっています。

中津商店街

◎ 大阪府・大阪市北区　🚃 阪急宝塚本線・中津駅から徒歩駅　📅 2007.8.24

随所に残る築100年以上の建物
型板ガラスの床屋が素晴らしい味

ここは戦争で焼けなかったエリアで、築100年を超える建物がごろごろある街。散策時は営業している店が多く、昔ながらの雰囲気に感動。今では貴重な「ヤマザキスペシャルストアー」の赤い店も現役。「理容フシキ」の写真は、すりガラスの向こうに店主とお客さんが写っているのが素敵でお気に入りの1コマ。まったくの偶然なのですが、いいタイミングで撮れたと大満足です。そして看板が渋い果実店の軒先には駄菓子がずらり。透明のトレーにきっちり並べられていて、こだわりとセンスの良さを感じます。駄菓子屋には学生時代に3年弱居候したことがあるのですが、細かい商品が多く陳列も乱れやすく、きれいに維持するのは手がかかります。駄菓子屋を見ると、つい、当時を思い出します。

79 阪和商店街

◎ 大阪府・大阪市天王寺区　🚉 JR 大阪環状線・天王寺駅から徒歩　📅 2014.2.4

露天～バラック、そして全焼
飲食店と菓子店が入り乱れて

賑やかな天王寺駅前の通りをふっと脇に入る
と、いきなり渋いアーケード街に。気がつか
ない人が多いかもしれません。通りは飲み屋
がほとんどですが、ところどころ菓子問屋も
あって不思議な組み合わせ。通路は縦横に入
り組んでいて複雑。ここは闇市発祥で、大火
を経て1955年に菓子市場として再スタート。
最盛期は30の菓子問屋があったそうで、区

画も当時のまま。訪問時に菓子問屋が散見さ
れたのはその頃の名残りです。駄菓子は食べ
るのも見るのも大好きで、薄暗い通路の中、
陳列されたお菓子が照らし出されるのがたま
りません。あらためて写真を見ると2階部分
が相当古く、これも昭和30年当時のままな
のでしょう。令和になり、問屋は最後の1軒
が残るのみとなっています。

長吉銀座と長吉長原銀座商店街

⊚ 大阪府・大阪市平野区　🚇 大阪メトロ谷町線・長原駅から徒歩　📅 2014.12.5

渋いシートに書かれた店舗名が
「あいうえを順」ではなく「イロハ順」！

「なかよしぎんざ？」アーチのかわいい赤い
フォントをぱっと見てそう思いました。しか
し、二度見したら正しくは「ながよし」。こ
の商店街は、1966年にできた市営住宅に隣
接し、おそらく同時期のものでしょう。アー
ケードに入り気になる箇所をどんどん撮影。
「パーマ」の看板がナイスデザイン。黄色い
テントと赤い文字に包まれているとなんとな

く眠さを感じたりもしますね。少し進むと造
花で賑やかな通りへ。ここも和菓子屋などが
営業中で、人通りもあり「朝の商店街」とい
った風情。屋根が薄緑でさわやか感も。そし
て目玉は反対側で、緑のテントに渋く力強く
黒で「長吉長原商店街」と。びっしり書き込
まれた店名は番付表のよう。店舗名もイロハ
順で記載され、時代を感じます。

源ヶ橋商店会

◎ 大阪府・大阪市阿倍野区　🚃 JR 大阪環状線・寺田町駅から徒歩　📅 2014.2.4

アーケード内のシンプルな行灯看板
「皆様のお台所」のコピーが刺さる

「源」の字が一部落っこちてしまっていますが、そこがまたいい味。入口には商店街独自のプレミアム商品券の告知がぶら下がっているので、まだ買い物客も多いのでしょう。魅力は旧字体で統一された行灯的な看板。ほの暗い、まっすぐの通路に規則正しくずらりと並んで灯っているのは壮観。これは当たりとばかり、しばし散策。シャッターが下りてしまったと

ころが多めです。お気に入りは「ミハタ衣料店」。一瞬、国旗などを扱う店かと思いきや屋号で、看板の素朴なイラストが良く、洒落も効いています。嬉しくなってあちこち撮影していると、下校中の小学生たちが元気良く「こんにちはぁ」とあいさつをして通り過ぎていきました。大阪の古き良き下町に触れられて楽しい探訪でした。

山王市場通商店街

◉ 大阪府・大阪市西成区　🚃 大阪メトロ御堂筋線・動物園前駅から徒歩　🗓 2016.10.16

うどん屋はまるでロケセット
完全に昭和30年代のアーケード

中心部ながら再開発が及んでいないエリアに昭和がごっそり残っていました。1950年代に一気に栄え、そのまま真空パックされたような風景。撮影中にできるだけ人物が映り込まないように、場所や時間に配慮しながらの探訪もよくありますが、ここを散策したのは人通りが比較的少なく、店が開き始める10時頃。なんと言っても圧巻は「助六うどん」。

看板、入口、扉、すべてにおいてじつに良い。ほかにもレベルの高い建物があったのですが、この店のあまりの衝撃に霞んでしまうほど。そしてド渋な「山王市場通商店街」のサイン。この堂々たる存在感が味わい深い。背景や屋根のデザインとも不思議なマッチングを見せ、ゆるくカーブした向こうから看板がこちらにやって来るようにも見えました。

83 椿井市場

◎ 奈良県・奈良市　🚃 JR 奈良線・奈良駅から徒歩　📅 2014.9.7

朽ちた木の看板、セメントの床
いにしえ感が古都にふさわしい

奈良最古の市場に東口からアプローチ。スクエアに配置された「椿井市場」の看板が昭和度数高めです。しかしその奥には、さらに上回る情景が現れるのです。入口付近は肉屋などが営業していますが、中に進むにつれ通路両側ともシャッターが下りていて暗い。ここも末期なのかなあと思っていると、「花」の文字が出てきて急に目の前が明るくなると、

その花屋から先がまるごと昭和20年代だったのです！　すべての店は木戸で閉ざされ、1軒も開いていませんでしたが、逆に、見る価値は十分にあります。通路を横断する板のような看板も初めてでした。廃屋と思いきや、おばあさんが路地からひょっこり出てきて「こんにちは」とごあいさつ。びっくりしつつもほのぼのとした一瞬でした。

とうのみね

⊙ 奈良県・桜井市　🚉 JR桜井線・桜井駅から徒歩　📅 2014.2.6

江戸時代のような商家、タンス店、
敷物の店、ローマ字表記の八百屋

桜井駅で降りてアーケード商店街を目指す途中、大願寺の北側で偶然、素晴らしい街道を発見しました。道の両側に古い商店が立ち並び、街灯もあり、この一角だけ完全に時間が止まっていたのです。まさかこんなところがあるとは知らず……。住宅街の中で突然出くわしたので大変驚いて固まってしまいました。土蔵、タンス店、ベビー用品店と、どれも遺

跡級ですが、お気に入りは八百屋。木戸の色合い、ベージュのおとなしいデザインの看板が上品で目を引き、嬉しくなってアングルを変えて撮影していました。土蔵とタンス店も面白い。よく見ると道路上にアーチの骨組みもあります。今となっては名前はわかりませんが、商店会があったのでしょう。そして現在、ここも追憶の彼方へ消えてしまいました。

85 下渕マーケット

◉ 奈良県・吉野郡大淀町　🚉 近鉄吉野線・下市口駅から徒歩　📅 2015.1.23

崩落の始まった小さなアーケード
紙袋店の看板にグッとくる

たくさんの商店街を見てきましたが、この渋さは横綱級。長屋と長屋の間に見えた通路から中へ。路面はところどころ苔むし、湿気と古びた木の匂いでなんとも言えない澱んだ空間。道が「L字型」に曲がったその先は建物が崩落し、そこへ草木が浸蝕して、もはや大自然に還りそうな趣でした。2階の床が抜け落ちて建物が倒れかかっているところもあり、

地震が来なくてもかなり危ないなとそそくさと退避。ここまで崩壊が激しい場所を歩いた経験はありませんでした。最後の店が閉店したのは1980年とのことで、かなり早い時期にマーケットの役割を終えたようです。散策時は住民はいて、バイクが停まり、テレビの音がして線香の香りも漂っていたのですが、現在は全住民が退去して立入禁止です。

船のような丸窓のあるタバコ屋
黒いパンプスがずらり並ぶ靴屋

アーケードはなくなったものの、商店街が密集した街。国道24号を越えて「商励会通り」へ。車1台どうにか通れそうな、ゆるやかな坂を下りつつの散策。ド渋な店の宝庫で、「赤かべ」の看板も主張する、壁が赤い薬局。お気に入りはかなり年代物のショーケースにずらりとパンプスが並ぶ靴屋。目が細かいタイル、木の枠のケース、すべてが素晴らしい。

通りの端には1968年創業の「喫茶アスモ」。行灯看板の「喫茶」のフォントと、窓に描かれた「昨日、今日、アスモ」がたまらなく、踊るような文字も良き。そして最大の目玉はタバコ屋。船のような丸い窓が素敵です。麻雀パイも扱っていたよう。建物の土台が坂に合わせて傾斜しています。ショーウィンドウが何箇所もあって大店だったのでしょう。

◎ 和歌山県・橋本市　🚉 JR和歌山線・橋本駅から徒歩　🗓 2012.1.23

朽ちたアーケードには天板のような
黄色いテントと軽量鉄骨の骨組み

駅を出て、渋い歯科医院に誘われるように細い路地へ入りました。なんとなく、この奥に素敵な商店街があるような気配を感じたのです。気分は「見ないで帰れるか」。ゆるやかな坂を下ると、「ほんまち商店街」に到着。朽ちたアーケードの黄色いテントは穴が空き、ほぼなくなって天板のようで、骨組みだけになり、残された街灯が寂しい。遠からず撤去

されるんだろうなと思いつつ進むと、区画整理の真っ最中であちこちに空き地ができ、わずかに残る店舗は閉店セール中。土蔵は曳家(ひきや)が行われ、まるで"街全体の店じまい"に居合わせた感覚に。そして、まもなく失われゆく光景を記録しようと撮影。招き猫が目立つ駄菓子屋と「ほんまち商店街」のアーチが収まった1コマがお気に入りの風景です。

◉ 和歌山県・伊都郡かつらぎ町　🚃 JR 和歌山線・笠田駅から徒歩　🗓 2013.9.8

無名な地域で思いがけず「大当たり」
家具店では初老の男性が商品を磨く

車窓から激渋な酒屋を見つけ途中下車。初め
て訪れる場所で予備知識もゼロですが、こう
いう散策もいいもの。巨大なモルタルアパー
トのような酒屋をしばし鑑賞。屋根のスカイ
ブルーとモルタルはじつによく合う。スマホ
で地図を見ると、銀行や店舗が固まった一角
があることがわかり、面白そうだと足を運ぶ
とこれが大当たり！　いい感じに熟成された

「呉服と洋品 にしかわ」の看板はインパクト
あり。さらに散策を続けると昭和後期テイス
トなスーパーもあって、「フードセンター」
という懐かしいネーミング。さらには、みご
とな木造建築の「鈴木タンス店」。通る人も
お客さんもいないけれど、初老の男性がせっ
せと店先の商品を磨いておりました。このタ
ンス店も今はなく、思い出の1ページです。

七曲市場
_{なな まがり}

◎ 和歌山県・和歌山市　🚏 南海本線・和歌山市駅からバス　🗓 2007.8.25

「年末にテレビ中継」が昭和のお約束
「和歌山市の台所」は明治発祥

和歌山市在住の友人に誘われての訪問。ここは「和歌山市の台所」で、大型物件の１つ。1960年の最盛期には100軒もあったそう。パノラマ的に曲がった屋根に書かれた「七曲商店街」の文字に出迎えられて、約30軒が営業中の市場内へ。見どころはたくさんありすぎて紹介しきれないほど。まずはド迫力な組合事務所。「ザ・夜警」という感じで、戸

と比べて看板が巨大。中を歩き回ると魚屋に洋品店とひととおり揃っておりました。魚屋はお客さんがいっぱい。日曜日に訪れたところ、みごとにシャッター街でした。それはそれでひなびた魅力があるのですが、「市場の本当の姿を見るなら平日に来るべし」と思いました。市場によって水曜休みなど変化球もあるのでけっこう難しいのですが。

北ぶらくり丁

◎ 和歌山県・和歌山市　🚃 南海本線・和歌山市駅からバスまたは徒歩　📷 2007.8.25

見どころは各商店のロゴタイプ
ディテールにこだわったデザイン

4つある「ぶらくり丁」の名が付く商店街の1つで、このアーケードにある模型店によく通った思い出が懐かしい。1990年当時も人通りは少なく、雰囲気はほぼ変わらず。通りに入ると目に飛び込んできたのは「働らく晴着」のコピーが秀逸な作業服店。作業服は晴れ着でもあるのですね。父が生前にここを見て「会社の制服をここで発注して、いいデザインだった」と懐かしがっていました。そして、レトロなマネキンがお出迎えする「とみや」は雨具専門店。まだまだこういった店も健在。注目は「パール洋装店」で、美容院のようなロゴも良いですが着目すべきは2階の手すり。なんと「PEARL」と細工が。さらには、入口に鎮座する「ゴムの大田萬」は、カーブを描いた建物がたまりません。

明光マーケット

◎ 和歌山県・和歌山市　🚃 JR阪和線・和歌山駅からバス　📅 2007.8.25

にじみ出る味わいのレイや造花の飾りつけ
果物屋の陳列具合もツボに入る

和歌山市在住の友人に案内されて知った場所。やはり趣味の公言と友は大事。明光通り一帯も大変渋い商店街だらけで、絞り込みはかなり苦慮したところです。訪れた時は運良くマーケットが開いていて、閉業した2階のファミリー喫茶が気になりマーケット内へ。入った瞬間「ザ・昭和」。カブで乗りつけたおばちゃんがヘルメットのままお買い物。八百屋

には桃など旬の果実が。棚には調味料やお菓子がぎっしり陳列され、元気に営業しておりました。天井に飾られた造花も昭和のマストアイテム。Twitterでは、店主のお孫さんから「夏休みに行くと2階の喫茶でジュースを飲ませてもらった」との心あたたまるエピソードも。そんな明光マーケットも閉店し、今では思い出の中に残るのみ。

◉ 和歌山県・和歌山市　🚃 JR 阪和線・和歌山駅からバス　📷 2012.1.22

「日本のアマルフィ」に
狭い路地と軒先が一体化した八百屋

たいへん歴史が古いエリアで、戦国時代に活躍した雑賀衆の本拠地であった場所。漁港に車を置き、階段を上がって店の固まる一角へ。自転車も通れない狭い路地には、お寺、郵便局、理髪店、八百屋、タバコ屋と揃っていて、路地と軒先が一体化した八百屋は雑賀崎らしい風景。通りもまっすぐではなく、軒先や物干竿の下をくぐらないと通り抜けられない場所も多くあります。通路上にはかごに入った干物が干され、のんびりした雰囲気。タバコの自販機、酒屋もあり、嗜好品も万全な状態。黄色く「理容」と書かれた理髪店はお気に入りの1コマ。店内をそっと覗くと、手でキコキコ動かし上下する真っ黒な椅子でした。近年は「日本のアマルフィ」として観光スポットとなっています。

船尾市場

<small>ふの お</small>

◎ 和歌山県・海南市　🚉 JR きのくに線・海南駅から徒歩　🗓 2014.2.6

バラックと紙一重な低い軒の店が
縦横に入り組み数軒だけのアーケードも

「海南市民の台所」として大変栄えた場所。アーケードの色も意匠もバリエーション豊か。通りは複雑に入り組んで迷路のようで、この密集度がかつての繁栄ぶりをしのばせます。渋過ぎて写真のチョイスに悩みましたが、お気に入りは立派な屋根が残る洋品店の「スギモリ」。明かり取りの窓から差し込む光にうっすら照らされる様子がとても良い。看板の

電話番号の市内局番が1ケタで、番号のゴロがイロハニ！角を曲がるとオレンジのテントがまぶしい別の洋品店が。両側が商店で、商業集積はすごい。商店街好きにとっては鼻血が出そうなゾーンです。市場の周辺には肉屋もあり、そこが中心的存在のよう。路地を行けども行けども必ず店があり、冒険しているような高揚感がたまらない街です。

みち まち なか

◉ 和歌山県・有田郡湯浅町　🚃 JRきのくに線・湯浅駅から徒歩　📅 2008.5.6

「右 いせかうや　東 きみゐでら」
駄菓子屋の角に1838年に建った道標

和歌山を巡るうえで湯浅は絶対に外せない街。4日間かけ数百枚の写真を撮り歩きました。ここ、「道町中」の最大の目玉は2つあり、1つは「千原理容院」。建物もいい雰囲気ですが、注目すべきは左側の「小鳥部」。理容院にはかつて小鳥部があったのです。ペットショップなのか鳴き声鑑賞部なのか。あらためて写真を見るとポストの上に鳥かごがあっ

て、なんと現役のようです。次に駄菓子屋の角に建つ立石道標。「右、いせかうや　東きみゐでら」とあり、江戸時代からずっと熊野古道を見守っています。そしてレトロ遺産級の駄菓子屋。貼り紙を何度も貼り直した跡に年季を感じます。路地で見上げると「バー憩」の看板。おそらく戦前のものです。昭和遺跡がゴロゴロの湯浅でした。

西大島市場と大和市場

◎ 兵庫県・尼崎市　🚃 JR神戸線・西宮駅からバス　📅 2015.9.6、2016.2.14

大きなトタン壁面の入口も小さいほうも
サビと色褪せでたまらない朽ち感が

尼崎市が公開していた「空き店舗対策リスト」で知った市場。バスを降り見上げると、そこにはでっかく「公認　西大島市場」の文字があり、威容を誇る外観。色褪せとサビがすさまじい。入るのをためらいそうになりますが、意を決してフルオープンのドアから建物内へ。店はすべてシャッターが下り、写真では明るく見えますがじつは暗い。誰もおらず若干の

不安を感じつつ奥へ。天井からは「夏本番 SINCE1956」の飾りが。この写真のみ9月に撮ったのですが、冬バージョンもあって定期的に交換されている模様。通路の途中からは「大和市場」となります。出口まで来ると一気に明るく、酒屋が1軒開いていました。土日休みで平日は7〜8軒開いているとのことで、リターンマッチしたいところです。

二宮市場

⊙ 兵庫県・神戸市中央区　🚃 JR 神戸線・三宮駅から徒歩　📅 2016.10.16

丸みを帯びたドーム状の白い天井がレア！
床面の模様も独特のデザインで

「美しく白きドーム」写真では伝えきれませんが、天井に向かって伸びる白い壁がグッときます。1960年にアーケードが設置され、その当時のままなのでしょう。壁は塗装が剥がれかけて下地が見えてきていて、板をきれいにカットして貼り合わせたものだとわかります。今なら、ムダと言われて成立しない造作でしょうが、少しでも圧迫感をなくして開放感を持たせようとしたデザインはじつに興味深い。外観はいたってシンプルなので、入ってみないと素晴らしさに気づかないのです。日曜日だったのでほとんどの店が閉まっていました。訪れた時は16軒ありましたが、その後全体の半分は取り壊されその土地にマンションが建って、現在は残った7軒だけが営業しているとのことでした。

たき の

⊙ 兵庫県・神戸市垂水区　🚃 山陽電鉄本線・滝の茶屋駅から徒歩　🗓 2016.10.16

タワーを思わせるオブジェに「公認」
裏手には増改築を重ねた跡が

特徴はドームのように張り出した表側の入口で、とてもいい雰囲気。「公認」の文字がありますが、昔、市場はどこも公認されるものだったのです。1955年の開設で当時そのままなのでしょう。この建物はけっこう好きです。中は明るく「T字路」になっていて、肉屋や文具店のほか、衣料品店もあって賑やかな一角。裏手の公園に回ると外観は増築をく

り返した跡がわかり、いずれ老朽化対策で変貌するんだろうなあと感じつつ小休止。振り返ると、昭和そのままな風景に圧倒されました。堂々たる「滝乃市場」のフォントとギリギリのスペースに収まった軽トラがたまらない。ここ全体のベストポジションでした。現在、ドーム側はなくなったものの、裏側半分は現役の市場として残っています。

高砂センター街

◉ 兵庫県・高砂市　🚃 山陽電鉄・高砂駅から徒歩　📅 2013.9.17

遊郭の細格子の建物が今も
商店としてアーケード内に残る

旧国鉄の高砂駅跡近くを歩いていると、通りの奥に「高砂センター街」と書かれた色褪せた看板と渋過ぎるアーケードが。そこは、息を呑む世界でした。テントから降り注ぐ黄色い光によって、通路も建物もすべてがセピア色に染まっているのがたまらない。道行く人もおらず、けだるい空気感。ここまで雰囲気がある通りはとても珍しく、そこは、たった1人のぜいたくな空間。この商店街がある次郎助町はかつて遊郭だった場所。超絶渋い「あらいや食料品店」はその当時の建物で、特徴的な細格子が今も2階に残っています。そして、一本道で続いている「次郎助町センター」の味わい深いアーチ。文字がスケルトンで変わってるなと思いきや、枠だけ残して「ン」以外が剥がれ落ちたようです。

◎ 兵庫県・姫路市　🚆 JR 山陽本線・姫路駅から 2km（バスの便あり）　📅 2014.9.6

オレンジストライプのテントが目を引く
じわり存在感を放つ坊やのキャラクター

玩具店のようなレトロポップなストライプの入口がたまらないアーケード商店街。信号機も溶け込んでいます。この素敵なアーケードは1962年の設置ですが、古くささをまったく感じさせません。中へ入ると、商店の2階部分にもみごとなオレンジのシマシマテントが！　屋根も穴1つなくきれいで、しっかり手入れされている感じが。通路内は明るく、

洋品店やくじらのイラストがある店が。くじら専門店は関西でときどき見かけます。お気に入りの一角はその名も「喫茶銀座」。窓を模した看板がオレンジとよく合ってとても良い。通りの脇にはキャラクターが描かれた色褪せたボードを発見。この「銀ちゃん」は2017年の「さよならアーケード祭り」でみごとに復活を果たしたそうです。

通町商店街
<small>とおり まち</small>

◎ 岡山県・倉敷市　🚌 山陽新幹線新倉敷駅からバス　📷 2014.9.6

入口のパチンコ屋…荒物屋…
ベッタベタの洋品店…プライスレス！

「昭和の商店街遺跡」と呼ぶにふさしい古さで、中国地方では横綱的存在。街全体が手つかずのレトロなのです。入口にはいきなり「パチンコ思ひ出」。旧仮名遣いと、「通町アーケード」との取り合わせも素晴らしくお気に入りの1コマで、カーブを描いた入口もとても良い。通りを行くとマネキン美人がお出迎え。どの人形もレトロな顔立ちが商店街に似合っています。万国旗がゆらめく中を進むと、目の前には超絶古い荒物屋さんが。店内もかなり渋い。ガラスの袖看板はおそらく戦前のもので、似たものは湯浅（和歌山県）と大牟田（福岡県）でしか見たことがありません。奥に見える「胃活」の看板もすごい。ランドマーク的存在のパチンコ屋は2015年に消滅、文字どおり「思ひ出」となりました。

向洋駅周辺

◎ 広島県・安芸郡府中町　　🚃 JR 山陽本線・向洋駅　　📷 2018.5.31

車窓から見たゴチャゴチャ感に惹かれて
マツダ本社近くに飲み屋街と商店街

マツダ本社近くには飲み屋街や商店街が密集していて、「ルーチェ」「ロードスター」などマツダの車種名を冠した飲食店が。また、レトロなパチンコ店、出張で来たお父さんが子供のお土産を買ったであろう模型店などがあり、素晴らしいゴチャゴチャ感を醸し出しておりました。向洋駅の車窓からそれらを眺め、そのうちにと思いつつ15年後に初めて降り立ちました。地方都市でもこの歳月はさすがに長過ぎたようで、再開発が進み素敵な密集地帯もほとんど失われ、かつての面影を残す横丁などが駅周辺にわずかにあるのみ。石畳に笹が生い茂る一角が今回のお気に入りの1コマ。かつてはこのような路地や店が無数にあったのです。「今撮らなければ消えてしまう」と再認識した訪問でした。

102 旦過市場

たん が

◎ 福岡県・北九州市小倉北区 　🚃 北九州モノレール・旦過駅から徒歩 　📷 2017.1.12

「北九州の台所」は飲み屋街ともつながる
複雑に枝分かれした路地に漂う妖艶さ

よう えん

朝8時頃に訪れましたが、「北九州の台所」だけあってすでにどこの店も大変な活気。まさに"アメ横状態"。200軒もあり、メインの通りだけでなく脇道にもアーケードの市場が。通路にセンターラインが引かれた市場は初めてです。魚やかまぼこ、漬物など食べ物はなんでもある。妻と散策しましたが、唐揚げがとても美味しかったとのこと。気になっ

た店舗は「戸根食肉」。建物もショーケースもレトロで、これこそ街の肉屋といった雰囲気。すぐ隣りには「新旦過街」というバーや飲食店が集まる一角が。夜に訪れますと「ようこそ新旦過街え」の味わい深い看板。狭くて古いけどきれいに整備され、隠れ家のようで楽しい。2022年に2度発生した大火災で、これらの風景も過去のものに。

103 筑豊商店街

⊙ 福岡県・北九州市八幡東区　⊗ JR 日豊本線・南小倉駅からバスで15分　⊡ 2017.1.13

歴史ある大規模な市場の名残り
工場内を思わせる広くて高い構内

現存する北九州最古の市場。訪れたのは朝8時過ぎでいたって静か。メインの入口には「筑豊商店街」の力強い文字。中に入ると、シャッターが下りたままのところも多いのですが、八百屋がすでに台を出して開店していて、近所のおばあさんたちが買い物に来ています。アーケード内部にさらに入口があり、そこもほとんど店は閉じたまま。来る時間帯が早過

ぎたようですが、何軒かは開店準備中でした。周囲を散策していますと掲示板を発見。そこには1932年の棟上式の記念写真がありました。市場をバックにして「市場建設敷地」の看板とともに、大工さんや正装した市場関係者、そして子供たちが背筋をピンと伸ばして収まっています。この子たちも、もう90歳過ぎなんですね。

104 新銀座

◉ 福岡県・大牟田市　🚃 西鉄天神大牟田線・新栄町駅から徒歩　🗓 2017.1.14

木造アーケードとガラスの袖看板
これぞ遺跡！ の美容室店頭

ここは超絶古いと聞いて、九州旅行の際に計画して立ち寄りました。スマホの地図を頼りに到着すると、思ったよりも明るく、看板は新しめ。しかし歩いている人は誰もおらず、店は1軒も開いていません。アーケードの中は明るいものの相当な古さ。特に、軒先が湿気で剥がれ落ちてしまった靴店は衝撃的で、こんな崩れ方の状態を見るのは初めてです。

そして、新銀座の真骨頂は、戦前の袖看板が普通にあること。「福山洋品店」などは袖看板とともに窓枠も年代物。さらに今回の一番の目玉は「タキ美容室」。店の雰囲気がたまらない。1階部分がピンクで統一されているのが良い。貼ってあるポスターはそれほど古くもなさそうで、もしかすると平成に入ってからも営業していたのかもしれません。

📍 佐賀県・嬉野市　🚃 JR佐世保線・武雄温泉駅からバス　📅 2017.1.14

昭和中期に栄えた温泉街がそのままに
現代のよろず屋「ファミリーショップ」

バスを降り立って真っ先に感じた印象が「温泉のある昭和遺産」。鳥居の両側に商店街があり、この密度感がツボ。観光客向けの土産物屋や飲食店の合間に、地元住人向けのふだん着的な渋い商店が溶け込んでいるのが魅力。車もテントも自販機も赤で統一されて目を引くタバコ屋の横には洋品店と、まぎれもなく「ザ・商店街」なのです。お気に入りの1コ

マは「ファミリーショップゆした」。格式ある旅館か料亭だった建物のようで、アニメ映画に出てきそう。脇の路地にも店があり、角を曲がるたびに発見がある街並み。そして目玉は「だるま商店」この看板、まさに遺跡と言っても差し支えない渋さ。長年の風雪に耐え、何度も書き直された跡がたまらない。塗り直された文字から変遷が垣間見えます。

106 とんねる横丁

◎ 長崎県・佐世保市　📷 JR 長崎本線・佐世保駅　🗓 2017.1.15

戦後にできた、防空壕を活用して
トンネル型になった市場が残る

駅のプラットホームのように、延々とびっしり店舗が立ち並ぶのが魅力的。生鮮食品から服までなんでもある。訪れたのが日曜で魚屋や食料品店などは休みでしたが、それでも看板を眺めるだけでも楽しめます。ちょっと驚いたのは「中林鯨商店」で、昭和25年の創業。関西では、閉店してしまった鯨専門店はたまに見ますが、ここは現役。そしてトンネルの

端まで進むと「子守みそ」の店。島原テイストの子守歌のイラストがお茶目です。お隣りの道場と併せてじつに渋い一角で、開いている時に再訪したい。そして最大の収穫は「ハトヤ衣料」。市場は休日でもここは洋服がところ狭しと並べられています。婦人服がほとんどの品揃えなのは、ここが女性客がメインの横丁ということが理由です。

◎ 大分県・豊後高田市　🚃 JR 日豊本線・宇佐駅　📅 2007.9.4

さすが「昭和の町」という打ち出し
昔のガソリン計量器、オープンリール…

遠いけどいつか絶対に行くと思い続けていた「とっておきの街」。目次の写真にもセレクトされた昭和遺跡の真打ち登場です。写真で、さらにはできれば現地で、この空気を感じて頂きたい。再現されたレトロではなく、封印されていた街並みを解放して蘇った場所。通りを歩くと、昭和37年そのままの給油機が。よくぞ残していたものです。店舗自慢のお宝を「1店1品運動」で展示していて街全体がミュージアム。途中で大雨に見舞われましたが、これもまた南国らしい。親子連れとアイス屋はお気に入りの1コマで、お菓子屋と子供はよく似合う。イチオシのショットは「新町通り商店街」のアーチの向こうに、たくさんの買い物客が写った1枚。そこには元気だった昭和の風景が写り込んでいました。

◎ 沖縄県・那覇市　🚃 ゆいレール首里駅　📷 2007.8.14

窓を保護するコンクリートの格子や
色褪せた看板に気候の厳しさを感じて

本州から来た者にとっては、新鮮で興味深いものばかりの街並みです。首里駅から首里城へと歩く途中見かけた風景は外国のような雰囲気。渋さと珍しさが同居した商店ばかりで、たまりませんでした。台風対策でコンクリート格子の建物が目立ち、独特のムードを醸し出しています。「玉那覇ガラス店」に「りゅうたん美容室」など、店の屋号も沖縄らしさを感じます。玉那覇という響きからビードロのような素敵なガラスをなんとなく想像。ちょっと気になったのが「パーラー・キャッスル」で、むき出しの外壁に小さな窓と鉄格子が中世の牢獄のようです。お気に入りの1コマは「上門商店」が立ち並ぶ一角。色褪せたサイン、「共進ランドリー」のブルー、そして長屋。たまらない情景です。

全国 昭和の商店街遺跡探訪
[590箇所] 全リスト

北海道

雨竜郡
旧幌加内駅と鉄道官舎（幌加内町）
北母子里駅とその周辺（幌加内町）

空知郡
幾寅駅と駅前（南富良野町）

三笠市
[01] 三笠市役所周辺と平和通り
幌内中央町
三笠鉄道村

夕張市
[02] 夕張駅周辺

小樽市
銭函駅周辺

青森県

青森市
[03] ニコニコ通り商店街
いろは通り商店街
青森生鮮食品センター

弘前市
[04] 中央弘前駅周辺
弘前中央食品市場

岩手県

盛岡市
[05] 盛岡バスセンター
盛岡城跡公園の商店街

花巻市
マルカンデパートと大食堂

大船渡市
[06] 木町市場とその周辺
さかり中央通り商店街
サンリアショッピングセンター

宮城県

仙台市
［青葉区］
[07] いろは横丁
文化横丁
仙台朝市
東一市場

栃木県

日光市
足尾駅周辺の旧炭鉱関係の建物群
[08] 通洞駅周辺
足尾銅山観光
三養会本部売店・通洞売店

芳賀郡
[09] 茂木駅周辺（茂木町）

栃木市
ミツワ通り共栄会
銀座通り商店会

佐野市
大正通りの商店街

群馬県

沼田市
東倉内町商店街
西倉内町商店街
[10] 中の会商店街
御馬出し通り商店街

利根郡
[11] 水上温泉の商店街（みなかみ町）

吾妻郡
資料館通り商店街（中之条町）
[12] 四万温泉の商店街（中之条町）

渋川市

渋川駅周辺の看板建築群

前橋市
前橋中央通り商店街
弁天通商店街
呑龍飲食街
上電横丁商店

富岡市
宮本町商店街
城町通り商店街
富岡銀座通り商店街

甘楽郡
下仁田駅前通り商店街（下仁田町）
[13] 中央通り商店街（下仁田町）
仲町大通り商店街（下仁田町）
仲町本通り商店街（下仁田町）
上町通り商店街（下仁田町）

茨城県

高萩市
[14] 南銀座商店街

日立市
塙山キャバレーとその周辺

常陸太田市
常陸太田駅前
東通り商店街
[15] 内堀町周辺
鯨ケ丘商店会
板谷坂

ひたちなか市
湊中央町通り商店街
本町南バス停付近の商店街

水戸市
宮下銀座商店会

東茨城郡
髭釜商店街（大洗町）

笠間市
門前通り
笠間稲荷神社仲見世
荒町通りの映画館と看板建築群

■リスト自体に掲載の箇所は 590 ありませんが、表記の便宜上、複数箇所をまとめてあるところもあるため、そうなっています。

145

駅前横丁

石岡市

石岡駅周辺の看板建築群

[16] 国府付近の看板建築群

筑西市

下館駅周辺の看板建築

結城市

大町通りの商家群

健田通り

西之宮住吉通り

中澤商店見世蔵付近

甘味喫茶ちとせ

下妻市

下妻駅周辺の商店群

鉾田市

鹿嶋鉄道鉾田駅前

[17] 鉾田銀座商店街

鹿嶋市

角内通り

鹿島中央商店街

大町通り商店街

鹿島ショッピングセンター

食堂エル

鹿島神宮売店

潮来市

十二橋めぐりの土産物店

[18] 浜丁通り

潮音寺仲見世

神栖市

息栖神社周辺

土浦市

土浦名店街

亀城周辺の看板建築群

つくば市

ガマランド

コマ展望台

筑波山参道の土産物店

常総市

駅前通り商店街（水海道）

龍ヶ崎市

砂町商店街

千葉県

香取市

佐原駅前商店街

東通り商店会

横宿商店会

佐原中央商店街

[19] 忠敬橋周辺の商店街

本宿商店会

銀座通り商店会

横川岸商店街

成田市

オートパーラーシオヤ

旭市

旭銀座商店街

新田中央商店街

匝瑳市

本町通り（八日市場）

田町商店街（八日市場）

八街市

八街駅前商店街

八街銀映

東金市

東金駅前通り

市原市

[20] 牛久商店会

いすみ市

北町商店街

夷隅郡

城下町通り（大多喜町）

県道172号沿いの商店街（大多喜町）

君津市

久留里駅前通り

久留里商店街

みゆき通り商店街（久留里）

木更津市

木更津銀座商店街

五平町通り沿いの商店街

柏市

[21] 柏の廃アーケード

松戸市

松戸市立博物館

千葉市

[中央区]

[22] 西千葉ストアー

[花見川区]

幕張銀座

[23] さつきが丘名店街

[美浜区]

真砂5丁目の団地商店街

真砂中央ショッピングセンター

[24] 三桜ショッピングセンター

船橋市

法華経寺参道の商店群

浦安市

浦安市郷土博物館

[25] 浦安市場北口商店会

埼玉県

行田市

[26] 新町商店街

熊谷市

南本町商店街

深谷市

本町商店街

本庄市

[27] 本庄銀座通り

昭和通り

大里郡

[28] 寄居駅周辺（寄居町）

飯能市

南銀座

飯能銀座

広小路付近の商店街

秩父市

秩父国際劇場

仲見世通り商店街

[29] 番場商店街

東町商店街

買継商通り（出張所横丁）

久喜市

鷲宮神社周辺の商店街

越谷市

日の出商店街

蒲生中央通り商店街

草加市

[30] 松原団地商店街

さいたま市

[大宮区]

中央デパート地下街

[岩槻区]

岩槻名店街

川越市

菓子屋横丁
鐘つき堂商店会
川越一番街商店街
川越大正浪漫夢通り
仲町商街
[31] 連雀町の商店街
角栄商店街
富士見市
鶴瀬駅前市場
新座市
西武商店街

東京都

葛飾区
亀有食品市場
小菅1丁目付近の商店街
柴又駅前周辺
帝釈天参道
[32] 立石仲見世
呑んべ横丁
四ツ木駅前の商店街
四つ木2丁目の看板建築群
[33] 木根川商店街
江戸川区
中央マーケット（南小岩）
篠崎新町商店街
掛川ショッピングセンター
足立区
足立区郷土博物館
都営栗原1丁目アパート北の
アーケード商店
沼田ストアー
江北仲通り商店街
江北2丁目の商店街
関原通り商店街
[34] 関原不動商店街
関原銀座会
興野銀座会
千住大門商店街
荒川区
荒川ふるさと文化館
南千住1丁目の長屋商店群
コツ通り
三ノ輪橋停留場駅舎

ジョイフル三の輪商店街
[35] 日暮里駄菓子問屋街
江東区
末広通り商店街
奉仕ストアー
墨田区
鐘ヶ淵駅前商店街
曳舟駅前の商店街
鳩の街通り商店街
[36] キラキラ橘商店街
京島2丁目の木造住宅群
京島3丁目付近の商店街
台東区
初音小路
谷中銀座
よみせ通り
浅草地下商店街
上野百貨店（旧じゅらく）
おかず横丁
佐竹商店街
北区
赤羽中央街
明店街（赤羽）
OK横丁
シルクロード商店街アーケード（赤羽）
[37] 桐ヶ丘中央商店街
赤羽台団地商店街
東十条駅北口の商店街
東十条商店街
十条銀座商店街
さくら新道
霜降銀座商店街
板橋区
[38] トンネルマーケット
ハッピーロード大山商店街
練馬区
東武練馬駅前の商店街
練馬北町周辺の商店街
北町アーケード
北町楽天地
きたまち商店街
北一商店街
[39] 江古田市場
庚申市場跡
豊島区
南長崎ニコニコ商店街

山政マーケット
味楽百貨店
西池袋マート
坂下通り商店街
雑司が谷弦巻通り
[40] 雑二ストアー
日出優良商店会
文京区
[41] 文京区設真砂市場
新宿区
[42] 外苑マーケット
千代田区
海老原商店付近の看板建築群
ラジオガァデン
神田須田町周辺の看板建築群
[43] 今川小路
西銀座JRセンター
中央区
銀座三原橋地下街
月島西仲通り商店街
港区
東京タワー内売店
四の橋市場
渋谷区
代々木会館
初台スーパー百貨店
目黒区
学大十字街
トリツセンター
名店会館
平和通り商店街
二葉フードセンター
西小山にこま通り商店街
西小山ニコニコ通り商店街
[44] サンケイプラザ
品川区
船の科学館（羊蹄丸）
北馬場参道通り商店街
新馬場北口通り商店街
品川宿
[45] 東小路と平和小路
武蔵小山商店街パルム
武蔵小山飲食街りゅえる
戸越公園駅前ショッピングセンター
ゆたか商店会（戸越公園）
荏原町商店街

147

大田区
昭和のくらし博物館
立会川商店街
平和島駅前の商店街と宝ストアー
[46] 梅屋敷東通り商店街
梅屋敷梅交会商店街
前の浦商店会
京浜蒲田柳通り
かまたえん
サンロード蒲田
キネマ通り商店街
糀谷商店街
おいで通り糀谷商店街
観音通り商店街
水門通り商店街
雑色商店街

世田谷区
丸美ストアー（芦花公園）
鈴なり横丁
[47] 下北澤驛前食品市場
代田橋駅周辺の商店街
下高井戸駅前市場
ライフストア（池尻大橋）
都営下馬アパートの売店跡
三軒茶屋駅周辺（ゆうらく通り等）
[48] 共悦マーケット
丸正食品と長屋商店群

中野区
野方文化マーケット
ヤッホーロード商店街
[49] 中野光座
川島商店街
松島市場

杉並区
大都市場
高円寺あづま通り商会
阿佐ヶ谷住宅
荻窪北口駅前通商店街
西荻東銀座会
[50] 西荻デパート
西荻南口仲通街

武蔵野市
ハモニカ横丁

小金井市
江戸東京たてもの園
団地北口商店街

清瀬市
秋津駅前ストアー

武蔵村山市
日の出ストアー

青梅市
青梅鉄道公園
住江町商店街
キネマ通り
昭和レトロ商品博物館
仲通り商店街
西分町2丁目付近の商店街
多摩書房

町田市
仲見世商店街

神奈川県

川崎市
[多摩区]
登戸駅前商店街とアーケード
[高津区]
溝の口駅西口商店街
[中原区]
丸新ストア（武蔵新城駅前）
[幸区]
[51] 小向マーケット
小向日用品市場
亀甲マーケット
[川崎区]
昭和マーケット
[52] 昭和通り商店会

横浜市
[港北区]
妙蓮寺駅前池の畔商店街
[鶴見区]
上末吉中央市場
鶴市ストア
生麦駅前マーケット
稲荷市場
本町通商店街
仲通商店街
潮田マーケット
[53] 栄町日用品市場
尻手銀座商店街
JR国道駅ガード下

[神奈川区]
大口1番街
大口通商店街
あけぼの通り商店会
[54] 六角橋ふれあい通り
ななしま通り商店街
[西区]
西前日用品市場
西前中央商店会
藤棚商店街
[保土ヶ谷区]
洪福寺松原商店街
[55] 笹山団地の商店街
天王町日用品市場
[旭区]
市沢日用品市場
鶴ヶ峰ロイヤルマート
ふじみ商店会
万騎が原中央商店街
[瀬谷区]
[56] 瀬谷駅前名店街
[中区]
野毛商店街
野毛都橋商店街ビル
千代崎町市場
[南区]
ドンドン商店街
ニューママセンター
横浜橋通商店街
[磯子区]
丸山市場
[57] 浜マーケット
聖天橋センター
[港南区]
[58] 芹が谷銀座商店街
[栄区]
桂ストアー
[金沢区]
六浦日用品市場

横須賀市
逸見中央商店街
あずま会商店街
三笠ビル商店街
若松マーケット

三浦市
[59] 三崎銀座商店街

- 鎌倉市
  - 丸七商店街
  - 鎌倉中央食品市場
- 藤沢市
  - 飲食朋友会アーケード
  - 西方百貨店（西方マーケット）
- 相模原市
  - [緑区]
  - 相模湖畔の売店群
- 伊勢原市
  - 駅前中央商会
- 足柄上郡
  - 山北駅前の商店街（山北町）
- 小田原市
  - 国府津駅周辺の看板建築群
  - 本町・南町の看板建築群

山梨県

- 富士吉田市
  - 本町名店街
  - 本町通り商店街
  - ３丁目商栄会
  - 中央通り商店街
  - 子の神通り
  - [60] 月江寺駅前の商店街

静岡県

- 三島市
  - えびす参道商店街
  - 芝本町付近の商店群
- 静岡市
  - [清水区]
  - [61] 清水駅前銀座

愛知県

- 岡崎市
  - [62] 松應寺前横丁
  - 岡ビル百貨店
- 西尾市
  - [63] 西尾劇場

- 肴町の商店街
- 瀬戸市
  - せと中央通商店街
  - [64] 宮前地下街
  - せと銀座通り商店街
  - ライオン食品センター
  - せと末広町商店街
- 小牧市
  - エステショッピングセンター
- 犬山市
  - 犬山遊園駅付近
- 一宮市
  - 萩原商店街
- 北名古屋市
  - 昭和日常博物館
- 清須市
  - [65] 美濃路沿いの商店街
- 名古屋市
  - [東区]
  - 車道商店街
  - 車道大市場
  - [北区]
  - 金城市場
  - [西区]
  - 名城市場
  - [66] 中央菓子卸市場
  - 円頓寺商店街
  - 円頓寺本町商店街
  - 円頓寺銀座街
  - [瑞穂区]
  - 瑞穂通三丁目市場
  - 八勝センター
  - [中川区]
  - 下之一色漁港周辺の商店街
  - 正色市場
- 津島市
  - 津島駅周辺の城跡付近の商店街

岐阜県

- 瑞浪市
  - 瑞浪駅周辺
- 美濃加茂市
  - 日本昭和村
  - 柳ケ瀬商店街

- 松竹小路
- 岐阜市
  - 岐阜繊維卸センター
  - ワシントン通り繊維街
  - 繊維問屋街ビル
  - [67] 問屋町繊維街
  - 繊維問屋街周辺（旅館・商店街）
- 大垣市
  - [68] 大垣駅周辺
  - お城街ビル

三重県

- いなべ市
  - [69] 阿下喜駅周辺
- 桑名市
  - 桑栄メイト
  - 桑名一番街
  - 銀座街
  - 桑名寺町通り商店街
- 三重郡
  - [70] 東町商店街（菰野町）
- 四日市市
  - 東洋町商店街
  - [71] 三和商店街
  - 諏訪栄商店街
- 鈴鹿市
  - 鈴鹿市駅周辺の旧街道沿い
- 亀山市
  - モーレツ喫茶チェーン
- 津市
  - [72] 大門商店街と大門街飲食店街
- 伊勢市
  - [73] 河崎商店街
  - 伊勢駅前商店街
  - ホテルサンドー
  - しんみち商店街
  - 高柳商店街
  - 明倫商店街
- 名張市
  - 上本町サンロード商店街

滋賀県

米原市

彦根市
- [74] 米原駅から鳥居本駅周辺
  - [注] 2つの市にまたがっています

京都府

宇治市
- [75] 黄檗新生市場

大阪府

寝屋川市
- [76] 京阪トップ商店街
- 萱島銀座商店街

東大阪市
- [77] 鴻池商店街
- 金岡本通商店街

大阪市

[北区]
- [78] 中津商店街

[中央区]
- 船場センタービル

[天王寺区]
- [79] 阪和商店街

[生野区]
- 生野本通商店街
- 生野センター本通商店街

[平野区]
- [80] 長吉銀座と長吉長原銀座商店街

[浪速区]
- 南海汐見橋駅

[阿倍野区]
- [81] 源ヶ橋商店会

[西成区]
- [82] 山王市場通商店街
- 新開筋商店街
- 玉出本通商店街
- 玉二商店街

堺市

[堺区]
- 綾之町東商店街

泉南市
- 和泉砂川駅前

奈良県

奈良市
- [83] 椿井市場

磯城郡
- えびす通り商店街（田原本町）
- 旭町商店街（田原本町）
- 魚町銀天街（田原本町）
- 茶町商店街（田原本町）

桜井市
- 桜井本通商店街
- 桜井中央通商店街
- 桜井駅前一番街商店街
- [84] 多武峰街道

大和高田市
- 天神橋西商店街
- 近鉄高田駅前片塩商店街

吉野郡
- [85] 下渕マーケット（大淀町）

五條市
- [86] 商励会通り
- 商栄会商店街

和歌山県

橋本市
- 高野口駅前の商店街
- [87] 橋本駅周辺

伊都郡
- [88] 笠田駅周辺（かつらぎ町）

紀の川市
- 名手駅付近の古い町並みと商店群
- 打田駅前の商店街
- 大池遊園

岩出市
- 岩出駅付近の古い町並み

和歌山市
- [89] 七曲市場
- 和歌山市駅前商店街

- [90] 北ぶらくり丁
- ぶらくり丁
- 中ぶらくり丁
- 東ぶらくり丁
- つきじ横丁
- 築地浜通り商店街
- 和歌山駅前卸小売商店街
- 和歌山市立発明館
- 和歌山市立こども科学館
- 和歌山県立体育館
- みその商店街
- みその東通り商店街
- 明光商店街
- [91] 明光マーケット
- ニュー明光商店会
- 美松商店街
- [92] 雑賀崎
- 南海加太駅前
- 加太春日神社付近の商店街
- 堤川沿いから淡嶋神社にかけての商店街
- 淡嶋神社参道
- 西ノ庄デパート
- 友ヶ島

海南市
- [93] 船尾市場
- 黒江付近の町並み
- 海南市役所庁舎

海草郡
- 旧登山口駅前（紀美野町）
- 野上ショッピングセンター（紀美野町）

有田郡
- 旧金屋口駅前の商店街（有田川町）
- 金屋町本町通り（有田川町）
- 湯浅駅前（湯浅町）
- 島之内商店街（湯浅町）
- 湯浅町役場旧庁舎とその周辺（湯浅町）
- 中川原本通り商店街（湯浅町）
- [94] 道町中（湯浅町）
- 本町商店街（湯浅町）
- 西大宮通り商店街（湯浅町）
- ゆしん通り商店街（湯浅町）
- 南かじや町商店街（湯浅町）

湯浅新地（湯浅町）
栖原公民館付近の町並み（湯浅町）
御坊市
　松原通商店街
　西御坊駅周辺
　日高川駅跡
　ほんまち商店街
田辺市
　駅前新通り商店街
　南新町商店街
　田辺新地

兵庫県

尼崎市
　尼宝市場
　下坂部市場
　立花市場
　杭瀬市場
　杭瀬中市場
　杭瀬北市場
　長栄市場
　太平市場
　三和市場
　[95] 西大島市場と大和市場
　大庄新市場
　新浜田市場
　出屋敷商店街
　武庫川中市場
　武庫川本通商店街
　武庫川東市場
　難波市場
神戸市
　[中央区]
　[96] 二宮市場
　毎日市場
　中西市場
　元町高架下商店街（モトコー）
　[長田区]
　丸五市場
　名倉市場
　房王寺ショッピングセンター
　[垂水区]
　[97] 滝乃市場
　垂水廉売市場

三木市
　ナメラ商店街
高砂市
　高砂銀座商店街
　[98] 高砂センター街
姫路市
　[99] 野里銀座商店街
　橋本町商店街

岡山県

倉敷市
　新町商店街
　[100] 通町商店街
　清心町商店街
　玉島銀座商店街
　栄町商店街

広島県

安芸郡
　[101] 向洋駅周辺（府中町）

福岡県

北九州市
　[小倉北区]
　[102] 旦過市場
　旦過中央市場
　新旦過街
　黄金市場
　[八幡東区]
　[103] 筑豊商店街
田川市
　後藤寺銀天街
大牟田市
　[104] 新銀座

佐賀県

嬉野市
　[105] 嬉野温泉周辺

嬉野バスセンター

長崎県

佐世保市
　[106] とんねる横丁
　玉屋百貨店
　勝山市場

大分県

豊後高田市
　[107] 豊後高田昭和の町

沖縄県

那覇市
　[108] 首里駅周辺

151

昭和の商店街遺跡 全国探訪MAP

写真で紹介の108箇所

[2004.5〜2023.5]

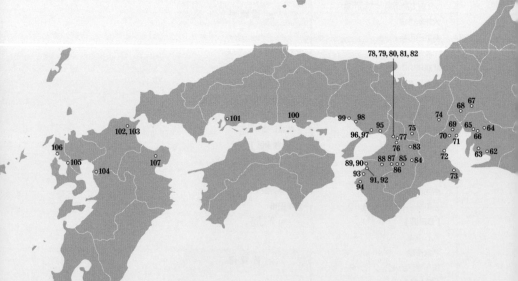

商店街に惹かれる原点に、和歌山、千葉、茨城

　商店街好きの原点は、親の転勤で10代を過ごした和歌山市
での体験がとても大きいのです。転入したのは和歌山市が最盛
期だった80年代半ば。当時はデパートやスーパーが、高島屋、
大丸、近鉄、丸正百貨店、長崎屋、ダイエー、サティ（のちに
ビブレ和歌山）と７つあり、映画館が３つも。「ぶらくり丁」
というアーケード商店街も賑わい元気な時代でした。

　和歌山市は、製鉄所の企業城下町としての面と、紀州徳川家
の城下町としての面があり、とても１日や２日ではすべての商
店街を回りきれないほどの規模と深みのある街です。

　小学生の時は親に毎週のように、これらの商業施設に連れて
行ってもらっていました。デパートもダイエーもサティも当時
の最先端でしたが、なぜか好きだったのは1990年に改装され
る前の丸正百貨店と長崎屋でした。

　当時の丸正は1953年築で、天井が低い中２階フロア、大食堂、
屋上にはミニ列車もある遊園地と、1980年代当時でもかなり
のレトロ度合いで、トイレも男性用ではなく「殿方用」と表記
されていたのを今でも覚えています。

　長崎屋も、1970年代の雰囲気で、店内の看板もレストラン
も床もクリーム色っぽい感じ。ゴチャゴチャ感もあって、それ
で逆に落ち着いた気分になった記憶があります。

　そして、「ぶらくり丁」の中でも「北ブラクリ丁」（平成初期
から「北ぶらくり丁」に）は人通りが極端に少なく、ほかの「ぶ

らくり」と比べレトロ感が漂い、お気に入りの模型店があったこともあり毎週のように通っていました。懐かしいというよりも、どこか寂れた、あるいは昭和を感じる街並みに心惹かれていたのでしょう。3〜4歳の頃に母によく連れられて行っていた茨城県鹿嶋市の商店街や、千葉県香取市佐原（当時は佐原市）の十字屋百貨店の記憶が心の奥底に刷り込まれ、10代になって発露したのかもしれません。

　中学生になると「西ノ庄デパート」というとても古い廃墟のような市場があると聞いて、ネットもない時代に自力で探し当て（じつはふだんの行動範囲から数百メートルしか離れていない場所でした）写真を撮り、それが奇跡的に今も残っています。

　その後は商店街探索から遠ざかっていましたが、イラストの題材として建物写真を撮り歩くようになり、2004年の日暮里駄菓子問屋街閉鎖をきっかけに本格的に再開しました。

　ここまで続いてきた理由は、ブログやSNSで発表することでコメントを頂くなど反響があること。そしてなによりも、古い商店街を撮り歩き、素晴らしくレトロな物件に思いもかけず遭遇した時のなんとも言えない高揚感があるからです。

　ネットで気になる商店街や市場を見つけるとウズウズしたり、行く前になくなってしまったと知って、もう少し早ければとがっかりしたりと、もう理屈抜きでただ「好き」なだけなのだなあと感じます。

商店街探しはネット検索の「芋づる方式」で

　昭和レトロな商店街の探し方ですが、基本はインターネットとGoogleマップを駆使しています。2000年代初め頃は情報が少なく、かつて住んでいた街を再訪したり、図書館で昔の電話帳や住宅地図、商工年鑑を調べたりして回っていました。あとは、偶然見かけた新聞記事などを参考に訪問したり、旅行先でたまたま発見したり、勘を頼りにひたすら歩いたりして、カメラに収めていました。

　今考えるとかなりアナログな手法で、あまり多くは回れませんでした。今でも、ネット検索やGoogleマップ検索にはひと工夫、ふた工夫が必要で、たんに「○○市場」とか「○○マーケット」と入力して検索しても、卸売市場だったり屋号だったりと、なかなか思うような結果が得られません。特に当初は、レトロ商店街や市場を探すのは意外と難しいんだなと痛感していました。

　そんな中で行きついた手法が「芋づる方式」でした。街並みや商店街を紹介しているウェブサイトを見つけ、その中で気になる商店街や小売市場やマーケットがあれば、それをGoogleストリートビューで見て、現存するのか、どのような雰囲気なのか、近隣にどんな商店街があるかなどを確認し、訪問先候補として地図にマーキングしていきます。正式名称や通称がわかる場合は、その言葉で検索すると、大学の建築学研究の論文や、市役所の商工推進政策の資料などに行き当たることもしばしば。

特に北九州市と尼崎市は、空き商店街対策で、商店街の住所や規模、設立年、空きテナント率などがリストアップされた資料が市役所のウェブサイトに公開されていた時期があり、これは古い商店街巡りに大変役に立ちました。この2地域の商店街はほとんどがその資料をもとに訪問したものです。

　また、最近では昭和レトロブームということもあり、特にマイナーな商店街名や市場名がわかり調べると、近隣の人や同じ趣味を持つ人のブログなどに行き当たることがあり、そこで、名も知らぬ未知の市場や商店街が取り上げられていたりして、新規開拓に大変役に立っています。これも「芋づる方式」といえるでしょう。

　画像検索で見つけて、いい雰囲気の場所があれば訪問候補に入れることもあり、便利な時代です。実際に足を運んで情報公開している人たちの存在があってのインターネットなので、この集合知には感謝です。私もGoogleマップに若干投稿していますが、訪れた直後になくなる場所も多いうえに、そもそも訪れた数も多いので、情報の更新が追いつかず……。

　そして、長らく商店街を追い続けて気がついたのは、いわゆる重化学工業の企業城下町であった街ほど、レトロな市場や商店街が多く、かつ、それは「西高東低」である、ということ。現在は最盛期の1割弱ですが、それでも多く残っているところとしては、東日本では横浜市、川崎市。そこに続くのは名古屋

市、そして大阪市と尼崎市、神戸市、さらに、北九州市。県単位としては、佐賀県、愛媛県、高知県の三県も、相当の数が現役で残っています。

最近は、レトロ商店街の魅力を引き立たせるアーケード商店街のブームもあり、Google検索で「アーケード商店街」と入れるとけっこう出てきます。こちらも西日本が多いです。東日本では、東京や横浜などの大都市ぐらいで、それ以外では少なく、特に北関東や東関東は土地が広いこともあり、ぎっしり密集したマーケット型商店街はごく一部の地域にしかありません。

茨城在住の私にとって西日本は遠く、そうそう気軽に足を運べないのがなんとも……。現在訪れたい場所だけでも100箇所近くあり、それだけで本があと1、2冊できてしまうのではと（笑）。近所であれば毎週のように商店街巡りをしてしまうなーと思う次第です。

最近ではTwitterでハッシュタグをなんとか使いこなせるようになり、「#春のレトロ商店街まつり」などを付けて投稿しています。すると、そこに投稿してくれるフォロワーさんもけっこういて、私が知らなかった、ぜひとも行ってみたくなる素敵な商店街や市場も投稿されます。みなさまとは、「いいね」やリツイートで交流させて頂いて、このようなSNSの交流もまた、貴重な商店街の情報交換であり、探すための大事なポイントとなりつつあります。

商店街巡りの「計画」「移動」「持ち物」「撮影」

　ビジネスの世界では「計画8割、実行2割」などと計画の重要性を説かれますが、商店街巡りも同様で、事前の下調べと計画が大事。これは、商店街巡りは公共交通機関を利用するため、最寄り駅や時刻表などを把握する必要があることと、行きたい場所を漏れなく効率よく回るためです。

　公共交通機関を使う理由は2つあり、まず、土地勘のまったくない場所での車の運転は神経を使うということ。もう1つは、商店街は旧市街地に多く、駐車場がなかったり一方通行だったりして、狭い路地は車での訪問を想定した立地でないことが多いということです。

　私は茨城在住なので、大阪や九州となると泊りがけとなります。所帯持ちの勤め人としては、予算と休みに制約があり、一度の訪問でいかに効率良くたくさん見て回れるかはとても重要。タスクを決めて「いかに数をこなしていくか」を実行するのは仕事と似た部分もあり、自分の性格に合っていて楽しいです。

　学生時代には夏休みに、時刻表と路線図、ユースホステル一覧を見て、計画を立てて旅行したものですが、その経験は今も大変役に立っています。

　計画の立て方ですが、まずは、行きたい商店街を決め、次にGoogleマップを印刷して位置を書き込むのですが、これが重要な作業です。商店街は公的なリストがあるわけではないので、最新のストリートビューでチェックしたら更地になっている場

所もあり、そのような場所は除外していきます。

　逆に、ずっとあとになってからその近辺で知らない、いい雰囲気の商店街や市場が検索で出てくることも珍しくなく、帰ってきてから悔やむこともあります。

　書き込んだら、次に最寄り駅やバス停、バス路線などを調べ、どのような順序で回るかを考えていきます。特に難しいのはバスでしか行けない商店街で、その場合、何駅からバスに乗ればいいのか？　本数は？　乗り換える場所は？　どこで降りて歩けばいいか？　などを調べていきます。

　そして滞在時間も考慮し、おおよその「ツアー」日程を組んでいきます。大阪や神戸、尼崎、北九州など市内の広範囲に商店街や市場が散らばっている時に有効な手法です。

　逆に、和歌山市や和歌山県湯浅町など、狭い範囲にぎっしり密集していて、ほぼ徒歩で回れてしまうようなエリアでは、行く場所だけを決めて、時間は設定せずに泊りがけで回ります。

　公共交通機関は身軽な反面、時刻表や路線に縛られるという制約もあり、バスの本数があまりにも少ないエリアだと、タクシーを使うこともあります。

　どうしても徒歩になってしまう箇所もあり、数キロ歩いたりするのはザラです。そのため、できるだけ荷物を持たず、カメラも軽めのものにして、歩きやすい靴やリュックなど身軽な服装にしています。

また、必携なのは、スマホの予備バッテリー。初めて訪れる場所では、スマホのGPSマップも多用します。特に都市部では、道1本違うだけでまったくわからなくなることもあったり、住宅街の中に市場があったりして、印刷した地図だけでは現地で迷うこともしばしば。お目当ての場所にスムーズに到達するためにはスマホのGPSマップは超重要なのです。

　現地に着いたら、デジカメを取り出して人や車が途切れた瞬間を見切って撮影。撮ったらその場で手ブレなどがないか確認していきます。

　まったく人気がない商店街も多く、あまりウロウロするのもアヤシイので、多くても1往復程度で引き揚げます。また、初めて訪問した時にすぐ、感じたまま撮影したほうがよい写真が撮れることが多く、写真はほぼ直感一発勝負です。

　計画8割とはいえ、実際に訪問した時の感動は何物にも代えがたい。特に街並みを歩いて次から次へと思いもよらないレトロな建物に遭遇した時の高揚感は最高。そしてそれをSNSやブログに載せると共感してくださる方々の存在。

　失われつつある風景を記録するという意識もありますが、なによりも初めて訪れた街で味わう高揚感、SNSでの承認欲求、また、共感してもらえたり懐かしがってもらえたり、現地に行った気分になれるというコメントも頂けて、じつに楽しい趣味である、と感じています。

商店街撮影の良き相棒のカメラ＆機材たち

　商店街に向かう際には、特に再訪の難しい遠方だったりとか、好天という絶好の撮影チャンスだったりを機材の故障で逃すのは悔やみますから、カメラはメインとサブの2台、予備のバッテリーとSDカードを持って出かけます。

　商店街散策は1日で多い時には5、6箇所を回り相当距離も歩くので、機材はできる限り軽くて小型のものを使うようにしています。メイン機はコンパクトデジカメの「キヤノンIXYシリーズ」を代々愛用。サブはスマホのカメラで、これはその場でSNSに投稿できるのが強みです。ブログやSNSに掲載し「実際に行った気分になれる」と反響を頂くのは無上の喜びです。

　コンデジはスイッチオンからスタンバイまでのレスポンスがとても速く、起動から撮影完了まで数秒で完結し、思い立ったタイミングでさっと撮れるのがいいのです。撮影を急ぐ理由は2つ。商店街は人や車の往来が頻繁な場所が多く、そんなところでは1箇所にとどまりじっとシャッターチャンスを狙うのが難しいから。そして、悩まずに撮った写真のほうが、結果的に気に入った構図になることが多いからです。

　商店街は暗い場所も多いため、周囲に威圧感を与えないようにストロボはほぼ使わずISO感度を上げた設定で撮影します。そして、解像度は高めの機種を使っています。

　気に入った場所や、あとから見てもっといい構図で撮りたいなと思った場合は再訪することもありますが、初回の感動に勝

るものはないためか、初回の撮影よりいい出来になることは少ない。やはり最初の訪問が大事。アングルやフレーミングは、ほかの方々のうまい写真を見て参考にすることもありますが、ほとんどは現地で見て感じたままに撮っています。

　撮影技術を学んだこともありませんし、入賞経験なども特にないのですが、昔読んだ『ゴルゴ13』で「カメラがうまい者は射撃もうまい。逆もまたしかり。なぜならば持つモノが違うだけで狙うものは同じ」というフレーズは気に入っていて、カメラを構える時は、その意識で撮っています。

　学生時代に所持許可を取ってライフル射撃をやっていたのでこの感覚はよくわかるのです。英語では撮影も射撃も同じ「SHOT」ということで、つながりを感じます。いいアングルは一瞬ですし、故障に備え予備の機材を準備しておくのも同じ。射撃も大会で銃が故障したら目も当てられませんから。

　写真家でもあった亡き父から生前に聞いた話ですが、高名な写真家である木村伊兵衛氏は、好天の日にはごはんを途中で放り出してカメラを掴んで家を飛び出したそうです。商店街も晴天の日はくっきりとしたいい写真が撮れますから、ここぞという時になにもかも放り出して撮影に行ける、というのは究極のぜいたくでうらやましく、憧れでもあります。

　木村伊兵衛氏にはとうてい及びませんが、心意気だけでも意識したいと思っています。

商店会の役割と消えゆくアーケードへの思い

　商店街にはほとんどの場合商店会という組織があります。これは町内会の商店版のようなもので、商店街の街灯・アーケード・アーチなどの維持管理、福引や大物歌手を呼んだりなどの各種イベントの開催、寺社があればそこのお祭りとの連携などを行っています。

　私が店長をやっていたスーパー（P168参照）が加盟していた蒲田の商店会にも規約があり、総会や決算報告などもきちんと行っていました。幹事をやるのは、契約や交渉ごとに慣れている商店街の不動産屋というパターンが多かった記憶があります。

　その商店会は、お店の間口の広さで会費が決まっていて、そのスーパーはコンビニより少し大きい程度の間口でしたが、月会費は最低料金にまけてくれて、数十年前で月額5000円でした。

　当時その商店街には100軒以上のお店がありましたが、商店会が設置した街灯の維持管理だけでもけっこうな費用がかかっていたようです。

　電球の交換だけでも、道路使用許可を取って警備員を配置して高所作業車を呼ぶという大掛かりな作業となり、1回の交換だけでも数十万円かかっていました。ハシゴをかけてサッと交換するのかなあと安易に考えていましたが、当時はLEDが普及する前だったこともあり、かなり多額の費用がかかっていたのです。

月会費は、アーケードの有無や商店の数、設備や築年数により、おそらくさまざまと思いますが、私が直接聞いた話では、都内でも有数の規模を誇るあるアーケード商店街では、３万〜５万円だとか。アーケード屋根の補修などは、とび職人さんの高所作業となるので、たんなる電球交換の比ではない費用がかかり、商店会費も高額になるとのことでした。

　空き店舗が増えたり、お店がマンション等の住居に変貌して商店会から離脱してしまうと、商店会費が入らなくなるわけですから、アーケードの維持は難しくなり、防災、老朽化、コスト、安全性など、悩みの種がどんどん増えていくことは容易に想像できます。

　関西はアーケード商店街が特に多いのですが、それでも2000年代後半から屋根を撤去するところが増えてきています。古い商店街を歩くと、破れて補修もままならないアーケードを見かけますが、それもここ10年で一気になくなっている印象です。

　街歩きの視線では、アーケードは商店街の魅力を引き立たせる、レトロ感を増幅しワクワクさせるアイテムなのですが、商店会の立場で考えれば、その維持はものすごい負担となることも理解でき、アーケードが撤去されてしまった商店街を訪れますと、いろんな思いが胸をよぎります。

空き店舗問題は、店舗兼住宅の貸しにくさで

　商店街が衰退してしまう理由はこんな感じでしょう。

　1つ、大型スーパーの開店。2つ、市電とともに栄えた場所では市電廃止でお客さんの流れが変わってしまう。3つ、メインとなるお店、特に八百屋や魚屋などが抜けてしまうと客足が減って連鎖的に閉店してしまう。あとは、老朽化、後継者不足、常連以外が入りにくそうな雰囲気、駐車場がない、などがよく言われていますが、要因は場所や時代によってさまざま。

　私が商店街を回ってきて感じるのは、令和の時代まで生き残ってきた商店街がなくなってしまうきっかけは、店主の世代交代がとても大きいということです。商店街や市場は1960年代にできたものが多く、すでに店主の世代交代の時期を迎えています。特に2010年以降、一気に商店街が減ってきているイメージで、私が巡り始めた2005年あたりはギリギリのタイミングで、それなりに残っていました。

　あと、商店街消滅へのとどめとなるのが再開発です。

　高齢で後継者もなく、過去のレガシーでやってこられはしたものの、再開発による立退き話しをきっかけにお店を畳んでしまおう、というケースもよく聞きます。

　一方、一等地で建物もしっかり残っていて、再開発の計画もなく、リノベーションすればお客さんが来そうな店舗もときどき見かけます。じつにみごとな看板建築の建物や、味わいのある市場などです。

これらは若い人に貸し出せば家賃収入も得られ、空き店舗にしたままよりはずっと有効な気がしますが、活用されている事例は少ないです。それはなぜなのでしょうか？

　長らく疑問だったのですが、ある時、東京・赤羽で看板建築の空店舗を借りようとした人の話を伺う機会がありました。それによると、空き店舗であっても店舗兼住宅で店主が居住しているケースが多く、玄関や水回りが1箇所しかなく他人に貸し出すのが難しいので断られた、とのことでした。

　私も、1つの店舗も営業していない市場や商店街には何度か遭遇しましたが、人が皆無で全戸空き屋というところはなく、自転車が置いてあったりテレビの音が聞こえたり、電気が点いていたりするのです。全部ではないにせよ相当数が、店を畳んだあとも住居として使われている場所はたくさん見てきました。

　商店街再生の地域シンクタンクのレポートなどには、赤羽のケースと同じ理由で再活用が難しく、それが課題だとありました。昔の商店建築はどこでも店舗兼住宅ですから、賃貸を想定した造りになっていないことがネックなのです。

　また、建物は自前だが地主は別にいて、当代限りで立ち退く約束となっているケースもあるようです。それでもときどき古い商店が、元の雰囲気を活かしたお洒落なカフェ等にリノベーションされているのを見かけると、再生された建物にも関係者の想いなど背景のストーリーにも心惹かれます。

商店主たちとの交流は「サザエさん」の世界

　私が20代の頃に6年ほど店長をやっていたスーパーは、東京南部の町工場地帯の蒲田で、比較的大きな規模の商店街のはずれにありました。赴任して初めて、以前は町工場の事務所だった建物に行った時は、開店に向けての内装工事の真っ最中。隣りの美容院へごあいさつに伺い、60代後半の女性店主さんに「うるさくてスミマセン」と頭を下げると、笑顔で「あらもー、子供がひきつけおこしちゃったわよー」と冗談で返してきました。それが全然嫌味でもなんでもない、古きよき江戸っ子の雰囲気だったのです。

　これがきっかけでなにかとひいきにして頂きました。お祭りがあるとお菓子を大量に仕入れてくれたり、冷蔵庫代わりに美容院のお客さんへのデザートを買いに来て頂いたり、当時は私が独身だったので、お見合いの席を何度も用意してくれたりと、下町の人情を感じました。

　まだまだ「サザエさん」の世界がその時代にもあったのです。町工場も当時は景気が良く、働く人は、地元の長く勤めている人がほとんど。お昼休みはそんなみなさんがどっと買い物に来て、ニコニコといい表情をしている。

　静かだった商店街の片隅で、小さいながらもスーパーが開店して新たな人通りが生まれ、ヤクルトの屋台も出るなど賑わいが出て、仕事にささやかな誇りとやりがいを感じて、とてもいい職業経験となりました。

私がいたスーパーは建物の老朽化で閉店することになり、自分も仕事を変わることとなりました。しかし、美容院の店主さんとはその地を離れてからもずっと交流があって、完全に隠居されるまでの10年間続きました。また、数軒隣りのお蕎麦屋さんにもかわいがってもらい、漬物や定食の一品などは毎日買ってくれて、私もよく、お昼を食べに行っていました。

　個人商店ってどのようにやっていけるのか不思議だったのですが、みなさん口を揃えて言うのは、「土地や建物が自前で家賃を払わなくて済む」ことと、「家族経営で人を雇っていないからなんとかやっていけている」という答えでした。固定費が低いのがポイントのようです。

　ただ、これからは厳しいから自分の代で畳む。という方がとても多かったです。店主も70過ぎのご高齢の中、再開発や賃貸の更新契約時期、高額修繕費のかかる設備故障がきっかけで廃業するというケースをよく耳にしました。

　そうなると、地所も処分して千葉や神奈川に引っ越すケースが多いのです。東京は固定資産税も高く、商売をやめて収入が減ってしまうと終生住み続けるのは難しいからかもしれません。

　自分が勤めたスーパーも美容院も町工場も行きつけのお蕎麦屋さんも、今はすべてマンションになっていて、当時の面影はありません。あと10年もしたら、ごく一部を除いて商店街は激減してしまうのでしょうか……。

昭和の景観を愛する人たちの
身体の中にじゅわーっと
充満していく幸福感

石黒謙吾

　山本有さんのブログの存在を知ったのは、昭和のすべてが大好きな自分としてはお恥ずかしいぐらい遅く、2023年1月12日。なにげなく見ていたTwitterで流れてきた「昭和レトロ香ばしい町並み」のツイートから辿っていって発見。濃ゆ過ぎる昭和感に一瞬で心掴まれ、ブログをざっと見て10分後には書籍化希望の打診を送っていました。

　そしてじつは、まったく同じことを2014年7月にやっていたのです。それが、Twitter「昭和スポット巡り」で見つけた、『昭和遺産へ、巡礼1703景』の著者・平山雄さんへの打診でした。この時は時代が自分についてきておらず（笑）、企画をなかなか版元に通せず、6年半後、2021年1月の刊行となりました。その後、平山さんの2冊めの著書『昭和喫茶に魅せられて、819軒』も企画・プロデュース・編集して2023年3月に刊行。

　また同じ昭和でも、「街方向」ではなく「音方向」で、『昭和レコード超画文報1000枚』（チャッピー加藤）も2021年6月に。この「昭和偏愛シリーズ」をすべて刊行して頂いている版元である、303BOOKSには心から感謝です。

　さらに、同社でこのあと決定しているシリーズ2冊もあり、2024年刊行に向けてスタートを切るところです。

　過去には、『昭和歌謡出る単』（田中稲/誠文堂新光社・2018年）、「昭和」の文字はないながら『純喫茶へ、1000軒』（難波里奈/アスペクト・2015年）をつくったこともあり、ここまででまずは、計8冊の昭和作品を残せるのは喜びです。

また、つい先日、大尊敬する庶民文化研究家・町田忍さんのWebサイト「昭和文化遺産 大博覧会」を、企画仕込みから2年でオープンにこぎつけました。62歳となった自分的に、昭和クリエイションの風が吹きまくり、の様相を呈しています。

　さて本書ですが、山本さんの活動のキーワード「香ばしい町並み」は本のタイトルにするとぼやけてしまうので、くくり方をスパッと「商店街」として明確に打ち出すことに。さらにタイトルを工夫したく、思いついたキーワードが、「遺産」を超えた「遺跡」。写真の決め込みをしながら出た言葉ですが、コンセプトが明快になりハマった感があります。

　編集作業的には、1箇所ごとに写真の組み方パターンを決め、自ら1点づつトリミングして、そこに見出しを付けていくという流れで進めました。時間的にはかなりたいへんでしたが、写真でワクワクできて楽しい時間を過ごせました。

　僕が高校卒業まで暮らしたのは金沢。時折帰省すると目指すのは、近江町市場のような「生きている度100％」の商店街とは超対極の、枯れきった場所。先日も、懐かしさに浸りたく、香林坊、片町、竪町、新竪町ときて、犀川を渡って坂を上り寺町界隈に出ると、さらに山のほうへと歩きました。その途中、奇跡のように、上京した44年前のままの朽ちきったお店があるのです。立ち止まって長時間見とれていると、じゅわーっと身体の中に充満していく幸福感。この感覚が、昭和の景観を愛する人たちに潤いをもたらす、栄養ドリンクなのでしょう。

　さあ、2025年には、昭和100年を迎えます。

「子供がそんなつぶれそうな場所 ばっかり追いかけて」と 呆れられながらも商店街を巡った日々

　「なんで古びた商店街が好きなのですか？」とたまに聞かれます。小学生の頃から、古びた市場や、当時ですら相当古めかしく感じたショッピングセンターなどが大好きな少年でした。毎週のように親に連れて行ってもらったのは、郊外にできたばかりの大きなダイエーや、大食堂のあった百貨店、古いステーションデパートなど。40年近く前ですが、その記憶は鮮明に残っています。

　小中学生の時は「写ルンです」で電車の写真を撮っていましたが、街の写真はほとんど撮っておらず、今となっては悔やまれます。かなうならばデジカメ片手にタイムスリップして、数か月間、思う存分写真を撮りたいです。

　昭和中期の商業施設は外観や内装に凝った意匠が多く、そのクリームやオレンジなど暖色系の色づかい、独特のロゴ、全体的にやさしい色合いなどに惹かれていたことを覚えています。今でも目の前にそういった風景があるとワクワクしてしまう。現代ならムダとしてバッサリ切られてしまいそうなところに手を掛けていた、その時代のデザインが好きなのです。昔は親兄弟から「子供がそんなつぶれそうな場所ばっかり追いかけて」と呆れられたりしましたが、好きなものは仕方がありません。

　幸いなことに、中学生時代の担任教師が理解のある人で、自由勉強帳というものがあり、本来の目的である試験勉強そっちのけで、ひたすら商店街巡りや店主へのインタビュー記事を書いていました。ノートを提出すると、毎回先生からていねいな

コメントや、「職員室でも面白いと話題になっている」と励みになる言葉をもらって、じつに嬉しかったです。

　欄外写真、和歌山市の「西ノ庄デパート」は、そんな中学生時代に撮影したもの。担任が「昔はよく買い物に行ったが、昭和50年代はすごい人出だった。まだあったのかー」と懐かしんでくれたのも中学生時代のいい思い出です。

　このたび、書籍化のお話を頂いた時は大変ビックリしましたが、「継続は力なり」を、この歳になって実感しました。

　文章を書くことは慣れていたつもりでしたが、商業出版となりますと、商品としての文章化や書籍的な約束ごとなど、ふだん気軽に書くモノとはまったく別の意識とスキルが必要で、少ないスキマ時間で苦闘しながら、編集の石黒様に辛抱強くおつき合い頂き、おかげさまでどうにか本として形になりました。

　Twitter経由でブログを見て、企画を考えてのお声がけから始まり、プロデュース＆編集して頂いた、著述家・編集者の石黒謙吾さん、出版の機会を頂いた303BOOKSの常松心平社長、素晴らしいデザインの吉田考宏さん、校正は303BOOKSの楠本和子さん、DTPは303BOOKSの鈴木茉莉さん、そして大切なお金を出してこの本を手にしてくださった読者のみなさまには感謝の気持ちでいっぱいです。では、どこかの商店街で、ぜひ、お目にかかりましょう。

東京・東日暮里
「篠原商店 2006」
by Yu. Yamamoto
2015. 8.9

PROFILE

山本 有
（やまもと・ゆう）

1975年、茨城県鹿嶋市生まれ。昭和を感じさせる全国の古い商店街を撮り歩き、今まで訪ねた商店街は28都府県で590箇所（2023年5月現在）。2010年からブログ「昭和レトロ香ばしい町並み」で、2013年からTwitterで紹介し続けている。もともとは古い商家や木造駅舎のイラストを描くための元ネタとして始めた商店街撮影だったが、だんだんとそちらがメインになっていく。20代に東京・蒲田で小さなスーパーの店長を5年間経験し、下町人情あふれる商店街の「中の人」になった経験も。商店街好きが高じて、10円玉で動く電動新幹線を復元し自宅で動かしている。合気道二段。「古い商店街は年々失われつつありますが、生涯、1箇所でも多くの場所を撮り歩き続けたいです」

STAFF

写真・取材・文	山本 有
企画・プロデュース・構成・編集	石黒謙吾
デザイン	吉田考宏
校正	楠本和子 (303BOOKS)
DTP	鈴木茉莉 (303BOOKS)
制作	(有)ブルー・オレンジ・スタジアム

2023年9月1日　第1刷発行
2023年10月8日　第2刷発行

昭和の商店街遺跡、
撮り倒した590箇所
全国厳選108スポットの[ド渋]写真

発 行 者　常松心平
発 行 所　303BOOKS
　　　　　〒261-8501　千葉県千葉市美浜区中瀬1丁目3番地
　　　　　幕張テクノガーデンB棟11階
　　　　　tel. 043-321-8001　fax. 043-380-1190
　　　　　https://303books.jp/

印刷・製本　株式会社シナノ